Klosterweihnacht

Klosterweihnacht

Rezepte für Leib und Seele

HERDER

FREIBURG · BASEL · WIEN

Inhalt

AUF DER SUCHE NACH DER HERBERGE

Abt Beda Maria Sonnenberg, Benediktinerabtei Plankstetten

Seit etwa vier Jahren bieten wir in unserem Gäste- und Tagungshaus St. Gregor in den Tagen vor und nach Weihnachten ein Programm an, das wir mit „Weihnachten einmal anders erleben" überschrieben haben. Ehepaare unterschiedlichen Alters, Einzelpersonen, Jung und Alt kommen und nehmen an dem Programm teil, das von den Mönchen des Klosters vorbereitet wird. Vor einigen Jahren hatten wir dem Heiligen Abend in unserem Speisesaal noch die traditionelle Gestalt gegeben, wie sie uns aus unseren Familien mehr oder weniger bekannt ist. Es fehlten weder Christbaum noch Plätzchen, Punsch oder Glühwein. Eine Bildbetrachtung wurde angeboten, ein Weihnachtsgedicht und die Weihnachtsgeschichte wurden vorgelesen, wir sangen Weihnachtslieder, und es gab kleine Geschenke. Bis uns die Aussage einer Teilnehmerin aufschreckte, dass sie bei dieser Gestaltung des Weihnachtsfestes das „Anders" suche! Diese Kritik hat uns erfinderisch gemacht.

„Sie" – gemeint ist Maria – „wickelte ihn" – also Jesus – „in Windeln und legte ihn in eine Krippe, weil in der Herberge kein Platz für sie war." (Lk 2,7) Dieser Satz aus der lukanischen Kindheitsgeschichte ist der Aufhänger unserer Herbergssuche, die grundsätzlich am 24. Dezember nach

dem Abendessen auf dem Programm steht, zu einem Zeitpunkt also, an dem sich gewöhnlich die Familie zuhause um den Christbaum versammelt.

Die Herbergssuche wird als liturgisches Rollenspiel dargeboten. Alle Teilnehmer müssen sich warm anziehen, denn wir verlassen das Haus und begleiten Maria und Josef auf ihrem Weg, der sie zum Kloster und dort von Tür zu Tür führt. Unser Spiel beginnt mit einem „Nicht-Weihnachtslied": *Wir sind nur Gast auf Erden.* Der liturgische Gruß folgt darauf. Insgesamt führt uns der Weg zu elf Räumen unseres Klosters, die für die Geburt eines Kindes geeignet sind: die Klosterbibliothek, das Pfarramt, der Kindergarten, die Bäckerei, die Metzgerei, der Missionsbazar, der Klosterhofladen, die Klosterschenke, die Buchhandlung, die Eingangshalle der Klosterkirche und das Gästehaus. „Weil kein Platz in der Herberge war", müssen sich also Bibliothekar, Pfarrer, Erzieherin, Bäcker, Metzger, die Verkäuferinnen, Wirtin, Buchhändler, Mesner und Gastpater gute Ausreden und passende Argumente einfallen lassen, um Maria und Josef abzuweisen. Da bei Maria mittlerweile die Wehen einsetzen, gewinnt die Situation an Dramatik.

Die Absagen sind nachvollziehbar: In der Bibliothek steht empfindliches Material, das Pfarrbüro hat keine Dienstzeit, der Kindergarten ist ein öffentlicher Raum, die Hygienevorschriften der Bäckerei und Metzgerei verbieten solche Vorgänge, der Missionsbazar ist zu klein, der Hofladen lädt zum Diebstahl ein, die Klosterschenke hat aufgrund der Sperrstunde geschlossen, die Buchhandlung hat Betriebsferien, in der Kirche beginnt bald der Gottesdienst, und im Gästehaus sind keine Betten frei.

Raum und Zeit, Gesetze und Befindlichkeiten, Gefühle und Notwendigkeiten sperren Menschen aus und lassen sie buchstäblich im Regen und in der Kälte stehen. Besonders dramatisch konnten wir das beim ersten Mal erleben, als es tatsächlich an Weihnachten regnete und alle mit Mantel und Regenschirm von Tür zu Tür gingen. Weihnachten ist eben kein romantisches Fest in behaglicher Atmosphäre und von tiefem Frieden erfüllt – *Weihnachten ist anders!* Weihnachten findet eigentlich in einem kalten und abweisenden Rahmen statt, dem die Menschen eine je eigene Gestalt geben – gleich ob sie nur an sich oder an ihren Mitmenschen denken. Am Ende jeder Station singen die Gäste, die Maria und Josef begleiten, den Kehrvers „Herr, erhebe dich, hilf uns und mach uns frei!", weil Weihnachten nur dann wird, wenn der Mensch seinen warmen Sessel und seine Couch verlässt, sich erhebt und aus der Freiheit heraus seinem Mitmenschen hilft.

Nachdem Maria und Josef aus der Eingangshalle der Kirche vertrieben worden sind, folgen sie dem Schild „Gästehaus St. Gregor". Gespannt stehen sie vor dem Eingang des Gästehauses und ziehen zunächst an seiner Tür. Weil sich niemand rührt, drücken sie verunsichert den Klingelknopf. Nun probieren sie es anders und drücken gegen die Tür, die sich öffnet. Sie betreten den Pfortenbereich und sehen einen Mönch, der gerade die Pforte schließen möchte.

Auf die Frage des Ehepaars, ob noch ein Zimmer zu haben sei, folgt eine barsche Absage. Das Haus sei völlig ausgebucht. Doch irgendwann gibt der Mönch dem drängenden Bitten des Ehemanns und künftigen Vaters nach und weist dem Paar einen Kellerraum zu, der allerdings weder WC noch Dusche hat. Ein Geschäft witternd nimmt der Mönch ihnen für eine Nacht mit Vollpension und pro Person 83 Euro ab, die der Mann bereitwillig zahlt.

Die Gästegruppe folgt dem Mönch und dem Ehepaar in das Gewölbe, einen Kellerraum. Dort ist eine Krippe aufgestellt, die mit einem Tuch zugedeckt ist. Vor der Krippe stehend werden die Gäste eingeladen, sich auf den Weg und die Ereignisse zurückzubesinnen und sich zu fragen, in welcher Situation sie sich wiederfinden. Gerade an diesem Punkt zeigt sich, worin das Erbarmen Gottes besteht und wie hartherzig wir miteinander umgehen.

Das Gloria wird angestimmt, die Kerzen werden entzündet, und der Stern von Bethlehem, der sich über der Krippe befindet, leuchtet auf. Nun wird die Krippe aufgedeckt; die Teilnehmer sehen ein Fatschenkind, das auf einer Vielzahl von Honig- und Lebkuchensternen liegt. Im anschließenden Gebet kommen Dank und Erleichterung über das Auffinden einer Herberge zum Ausdruck. Diese Freude lässt die Armseligkeit der Krippe in den Hintergrund treten. Nun wird ganz langsam das Evangelium Lk 2,1–14 vorgelesen, wodurch Erlebtes und Gehörtes zu einer Einheit, zu einem Erlebnis werden. Vor diesem Hintergrund singt sich das Lied *O du fröhliche* ganz anders als gewohnt. Die frei formulierten Fürbitten, das Vaterunser und ein eigengestaltetes Schlussgebet geben diesem liturgischen Weg seinen Abschluss. Nach den Strapazen angekommen ersehnt sich jeder eine „Stille Nacht".

Am Ende der Herbergssuche sind alle eingeladen, die Ankunft Jesu Christi mit Glühwein, Zimt-, Honig- und Lebkuchensternen zu feiern. Der Weg durch die Nacht nimmt alle Teilnehmer mit. Er ist bewusst so gestaltet, dass niemand weiß, wo man zum Schluss ankommt – aber jeder ist froh, dass man schließlich angekommen ist. Diese Schlusskomponente ist besonders wichtig: Im Letzten ist es gleich, wo Jesus ankommt. Hauptsache ist: Er kommt an, Er ist da und Er ist unter uns!

Die Herbergssuche zählt zu den Sternstunden unseres Weihnachtsprogramms. Ohne Zweifel bildet die Christmette das Zentrum des Weihnachtskurses. Aber von nicht geringer Bedeutung ist die Herbergssuche, die die harte Wirklichkeit zeigt, die bis zum heutigen Tag auch unser Leben ausmacht. Viele unserer Gäste gehen nach den Weihnachtstagen getröstet und gestärkt nach Hause im Wissen, dass Gott auch in ihrem Leben gegenwärtig ist.

Mit Ernst, O Menschenkinder

Mit Ernst, o Menschenkinder, das Herz in euch bestellt,
bald wird das Heil der Sünder, der wunderstarke Held,
den Gott aus Gnad allein der Welt zum Licht und Leben
versprochen hat zu geben, bei allen kehren ein.

Bereitet doch fein tüchtig den Weg dem großen Gast;
macht seine Steige richtig, lasst alles, was er hasst;
macht alle Bahnen recht, die Tal lasst sein erhöhet,
macht niedrig, was hoch stehet, was krumm ist, gleich und schlicht.

Ein Herz, das Demut liebet, bei Gott am höchsten steht;
ein Herz, das Hochmut übet, mit Angst zugrunde geht;
ein Herz, das richtig ist und folget Gottes Leiten,
das kann sich recht bereiten, zu dem kommt Jesus Christ.

Ach mache du mich Armen zu dieser heilgen Zeit
aus Güte und Erbarmen, Herr Jesu, selbst bereit.
Zieh in mein Herz hinein vom Stall und von der Krippen,
so werden Herz und Lippen dir allzeit dankbar sein.

SEHNSUCHT
NACH DEM ERLÖSER

Frater Eugenius Lersch, Stift Heiligenkreuz

Advent im Kloster – wenn ich daran denke, dann fallen mir gar nicht so sehr kühle Temperaturen, Räuchermännchen, Kekse oder besinnliche Musik ein. Und auch nicht der schlichte Adventskranz, der vor dem Altar in der Bernardikapelle steht. Denn im Kloster erfährt man den Advent in erster Linie liturgisch. Und liturgisch ist der Advent – das mag manche überraschen – eine nüchterne, fast schon strenge, nachdenkliche Zeit. Besinnlich zwar, aber ernst. „Mit Ernst, o Menschenkinder, das Herz in euch bestellt", so beginnt ein Adventslied.

Was ist anders als sonst? Sehr viel! Die erste Vesper zum ersten Adventssonntag ist immer ein Einschnitt. Ein neues Kirchenjahr beginnt, und das bedeutet: Ein neuer Lesezyklus bricht an. Wir nehmen nicht mehr die grünen Antiphonale für die Horen, sondern die weißen für den Weihnachtsfestkreis.

Es gibt eigene Hymnen, eigene Antiphonen und eine eigene Zeiteinteilung für den ersten und den zweiten Teil des Advents. Die Horen sind mit eigenen adventlichen Texten einzeln durchgestaltet. Johannes der Täufer und Maria stehen uns dauernd vor Augen. Die biblischen Texte ändern sich, wir hören sehr viel aus dem Propheten Jesaja, vieles doppelt – sowohl in der Vigillesung als auch in der heiligen Messe. Wir knien häufiger zu den Horen. Die marianische Antiphon zur Vesper ändert sich. Die priesterlichen Gewänder sind violett und einfacher – nur am dritten Adventssonntag strahlt ein freudiges Rosa auf. Und auch der

Altarraum ist einfacher gestaltet. Die Orgel schweigt. Es gibt kein Gloria. Ein Höhepunkt der Adventszeit sind die sieben Herolde von Weihnachten, die sogenannten O-Antiphonen, die vom 17. bis zum 23. Dezember zur Vesper vor dem Magnificat gesungen werden.

Dann gibt es noch die schönen Rorate-Messen, marianisch geprägt, die in völliger Dunkelheit zelebriert werden, nur mit Kerzen erleuchtet. Sie erinnern an die Menschwerdung des Wortes im Schoß der Jungfrau.

Auch wenn im Kloster das stimmungsvolle Element nicht fehlt – man denke nur an den Adventmarkt – spricht die Liturgie für sich. Sie vermittelt eine ganz eigene Stimmung, sie atmet Erwartung, Sehnsucht nach dem Erlöser. Deshalb ist der Advent eine meiner Lieblingszeiten.

Lied im Advent

Immer ein Lichtlein mehr
im Kranz, den wir gewunden,
dass er leuchte uns so sehr
durch die dunklen Stunden.

Zwei und drei und dann vier!
Rund um den Kranz welch ein Schimmer,
und so leuchten auch wir,
und so leuchtet das Zimmer.

Und so leuchtet die Welt
langsam der Weihnacht entgegen.
Und der in Händen sie hält,
weiß um den Segen!

Matthias Claudius

LINZERAUGEN

ZUTATEN
200 g Staubzucker
400 g Butter
2 Eidotter
2 Pk Vanillezucker
600 g Mehl
1 Prise Zitronenschale
100g Aprikosenmarmelade

ZUBEREITUNG
1. Das Mehl auf eine Arbeitsfläche geben und die in Stücke geschnittene Butter einarbeiten, dann die Eidotter, den Staubzucker, den Vanillezucker und die Zitronenschale zufügen und rasch zu einem geschmeidigen Teig verarbeiten. Den Teig in Frischhaltefolie wickeln und für 1 Stunde im Kühlschrank rasten lassen. In der Zwischenzeit den Backofen auf 180° C Ober-/Unterhitze vorheizen.

2. Jetzt den Teig ca. 3 mm dick ausrollen und für die Linzer Augen Oberteile mit Löchern und Böden ohne Löcher ausstechen und die Kekse ca. 10 min backen.

3. Zum Schluss die Keksböden mit Marmelade bestreichen und jeweils ein Oberteil mit Loch draufsetzen.

Tannenduft in der Klosterkirche

Abt Christian Meyer, Kloster Engelberg

Daran kann es gar keinen Zweifel geben: Weihnachten zählt zu den bedeutendsten Festen der Christenheit. Und die Feier der Geburt Christi ist mit vielen wunderbaren Traditionen verbunden. Wer erinnert sich nicht an Rituale wie das gemeinsame Schmücken des Weihnachtsbaums, das Aufstellen der Krippe oder auch die Zeit der Bescherung im Kreis der Familie. Auch die Mönche im Benediktinerkloster Engelberg kennen besondere Rituale.

Die Gemeinde Engelberg im Kanton Obwalden gilt als der größte Wintersportort der Zentralschweiz. Und da ist es kein Wunder, dass hier auch Weihnachten als wichtiges touristisches Ereignis angesehen wird. Das bekommen selbstverständlich auch die Mönche der im zwölften Jahrhundert gegründeten Benediktinerabtei Engelberg mit. Denn gerade zur Weihnachtszeit ist es keine Seltenheit, dass einige der Gäste für ein paar Augenblicke dem pulsierenden Leben im Dorf entfliehen wollen und der Klosterkirche einen Besuch abstatten. Was sie hier zu finden hoffen? Wahrscheinlich Ruhe und Momente des Innehaltens.

In einem Punkt unterscheiden sich die Mönche übrigens nicht von den Gästen. Ist das Hochtal so richtig schön mit einer Schneedecke überzogen, hebt das auch unsere Stimmung gleich noch ein wenig an. Weihnachten kann kommen. Die Vorfreude auf die Ankunft vom Jesuskind beginnt in Engelberg bereits mit dem ersten Sonntag im Advent. Im Rahmen eines Familiengottesdienstes wird der Samichlaus (der heilige Nikolaus) der ortsansässigen Bruderschaft vom Abt des Klosters offi-

ziell damit beauftragt, die Familien im Ort auch in seinem und damit im Namen der Mönchsgemeinschaft zu besuchen. Dazu stattet der Abt den Bruderschaftssamichlaus – und mit ihm auch die Schulsamichläuse – mit dem Bischofsstab aus. Mit diesem seit Jahrzehnten gelebten Ritual beginnen im Kloster die Vorbereitungen auf das bevorstehende Weihnachtsfest.

Endlich ist der 24. Dezember angebrochen. In der Klosterkirche, die gleichzeitig auch die Pfarrkirche ist, hat der Sakristan bereits die große Weihnachtskrippe aufgestellt. Immer wieder, Jahr für Jahr, bringen die vom Lungerer Holzbildhauer Beat Gasser geschaffenen großen Holzfiguren die Augen von Groß und Klein zum Leuchten. Maria und Josef sind hier ebenso vorzufinden wie die Schar der Hirten, zudem eine Besonderheit der Engelberger Weihnachtskrippe, der handorgelspielende Knabe. Noch aber fehlt das Jesuskind, wenn sich die Mönchsgemeinschaft zur Mette in der Klosterkirche versammelt. Es herrscht eine besondere Stimmung. Durch die Kirchenfenster dringt das Licht in die noch dunkle Nacht. Eigentlich ein völlig normaler Winteralltag, aber etwas ist an diesem Tag anders. Der Duft der wenige Tage zuvor von den Mitarbeitenden des Forstbetriebes im klostereigenen Wald geschlagenen und nun in der Klosterkirche stehenden Tannenbäume steigt allen in die Nase. Und spätestens jetzt ist allen klar: Heute ist Heiligabend.

Spätestens am Nachmittag wird der sonst so klar festgelegte Tagesablauf der Mönchsgemeinschaft einen anderen Verlauf nehmen. Noch aber gehen die Mitbrüder nach der Konventmesse bis zur Mittagshore ihren täglichen Verpflichtungen nach. Eine erste Zäsur erfolgt um 15.30 Uhr. Nun beginnt die erste Vesper von Weihnachten, und das ist der Zeitpunkt, an dem man sich endgültig auf die bevorstehende Geburt

von Jesus Christus einstimmt. Früher als sonst läutet die kleine Hausglocke zum Nachtessen im Speisesaal des Konvents. Der Weihnachtsbaum und der Duft von Tannenholz sind es, die dazu verleiten, tiefer als sonst einzuatmen. Innehalten und sich auf die kommenden Ereignisse vorbereiten ist jetzt angesagt. Und noch vor dem Abendessen wird nach uralter liturgischer Tradition feierlich die Geburt von Jesus angekündigt: beginnend mit der Schöpfung bis zur festlichen Ankündigung der Geburt im Stall von Bethlehem.

Das am Heiligabend servierte Menü hat im Benediktinerkloster Engelberg Tradition. Seit wie vielen Generationen dies so ist? Das weiß keiner der heute noch sechzehn fest im Kloster Engelberg lebenden Mönche.

Zwei Mitglieder der Mönchsgemeinschaft verbringen Weihnachten übrigens auswärts, einer in seiner zugewiesenen Gemeinde als Vikar, der andere in Rom. Eine verbindliche Überlieferung zum Weihnachtsmenü gibt es nicht. Auf jeden Fall wurde in den letzten Jahren nie eine Änderung dieses Brauches in Betracht gezogen. Vielleicht auch deshalb, weil alle Klosterbrüder dieses Festmahl viel zu sehr lieben, um hier irgendetwas anders zu machen. Nach der Suppe wird mit geräuchertem Rippli und Speck sowie Kartoffel- und Blattsalat eine typisch schweizerische Spezialität serviert, dazu ein schöner Wein kredenzt. Nach benediktinischer Tradition wird das Abendessen stillschweigend eingenommen. Sorgten in früheren Jahren noch Mitbrüder mit ihren Instrumenten für die musikalische Umrahmung des weihnächtlichen Abendessens, erfolgt diese heute mittels moderner Technik durch einen CD-Player.

Draußen hat der Tag der Nacht das Zepter überlassen. Während jetzt in den meisten Familien die Weihnachtsfeiern beginnen, sind die Mönche in der Klosterkirche zur gesungenen Vigil meist unter sich. Nach diesem nächtlichen Gebet setzen sie sich im Rekreationszimmer bei Glühwein und Weihnachtsstollen zusammen, um ihre persönliche Weihnachtsfeier zu begehen. Der Weihnachtsstollen ist übrigens ein Produkt aus der klostereigenen Bäckerei, hergestellt nach einem überlieferten Rezept. Der Verzehr dieses köstlichen Weihnachtsgebäcks und der Genuss von Glühwein sind immer mit lockeren Gesprächen unter den Mönchen verbunden, mit einem Gedankenaustausch und Weihnachtsliedern – ein ganz spezielles Erlebnis. Wie in einem privaten Wohnzimmer stehen auch im Rekreationszimmer ein geschmückter Weihnachtsbaum und eine Krippenlandschaft. Schenken tun sich die Mönche gegenseitig nichts.

Höhepunkt am Heiligen Abend ist jedoch ohne Zweifel die Pontifikalmesse in der Klosterkirche, wo jetzt auch das Jesuskind in der Krippe seinen Platz erhalten hat. Der Gottesdienst hat bis heute nichts von seiner Ausstrahlung verloren. Einheimische wie Gäste feiern gemeinsam mit den Mönchen die Geburt Christi. Und wenn am Ende der Pontifikalmesse *Stille Nacht, heilige Nacht* angestimmt wird, leuchten die Augen der Gottesdienstbesucher mit den Kerzen an den Weihnachtsbäumen um die Wette. Einige von ihnen verbringen zum Teil schon seit Jahren die Weihnachtstage bis ins neue Jahr hinein in der Gastabteilung des Klosters. Sie ziehen sich bewusst in die Stille zurück, die gerade in den Weihnachtstagen etwas Wesentliches ist.

GERÄUCHERTES RIPPLI & SPECK

Roger Bron, Küchenchef Kloster Engelberg

ZUTATEN

Geräuchertes Schweinskarree
Geräucherter Speck
scharfer Dijonsenf
flüssiger Honig
etwas Chili Öl
Rapsöl

Knoblauchzehen gehackt
Rosmarin gehackt
etwas Zitronenpfeffer
etwas Nelkenpulver
Lorbeerblätter

ZUBEREITUNG

1. Das Fleisch mit Senf, Honig, Chili und Rapsöl, Knoblauch, Rosmarin, Zitronenpfeffer und Nelkenpulver zu einer Marinade vermischen, das Fleisch damit einreiben und über Nacht im Kühlschrank zugedeckt ziehen lassen.

2. Den Backofen auf 80 Grad Niedertemperatur einstellen.

3. Eine Backform mit Lorbeerblättern belegen, das Fleisch darauf geben, in den Ofen schieben und langsam garen, bis eine Kerntemperatur von ca. 66 Grad erreicht ist. Danach die Temperatur des Ofens auf 180 Grad erhöhen und weiter bis zu einer Kerntemperatur von rund 70 Grad fertig garen.

4. Das Fleisch aus dem Ofen nehmen und in einem Wärmeschrank etwa 15 Minuten nachziehen lassen.

ENGELBERGER KLOSTER-WEIHNACHTSSTOLLEN

Rezept von Virginia Paissan, Kloster-Bäckerin

VORBEREITUNG

1 dl Rum

300 g Sultaninen

300 g Mandeln ganz

300 g Orangeat-Zitronat

300 g Confierte Kirschen

20 g Zitronenrappe (Zitronenzesten)

50 g Rumaroma

50 g Christstollengewürz

Alle Zutaten ca. Anfang Oktober einlegen
und für zwei Monate im Kühler kühl stellen
und ziehen lassen.

ZUTATEN TEIG

1 l Milch

3 kg Weißmehl

600 g Vollei

300 g Zucker

50 g Salz

20 g Malz

160 g Mandelmasse

1 kg Butter

ZUBEREITUNG

Zutaten zu einem Teig anmachen. Die seit Oktober eingelegten Früchte beimischen. Teig zu halblangen Weggen zu je 1,2 kg abwägen, auf Tücher legen und abgedeckt so zum Gären bringen. Nachdem die Stücke angetrieben sind, drückt man sie mit dem Rollholz wie Ankenweggen ab. Einlegen einer Rolle Mandelmasse bei der abgepressten Stelle. Der kleinere Teil wird über den größeren Teil gelegt. Die halbmondförmigen Stollen werden auf Bleche abgesetzt. Nach kurzem, nochmaligem Gären werden sie entweder auf den Blechen oder direkt auf dem Herd bei mittlerer Hitze mit Dampf gebacken. Nach dem Backen die Stollen in Butter schwenken und im Zucker wenden. Diesen Vorgang nochmals wiederholen. Vor dem Servieren mit einem Gemisch von Puderschnee und Vanillinzucker bestreuen.

MITTEN IM STROH LEUCHTET GOTTES LIEBE

Erzabt Wolfgang Öxler, Erzabtei St. Ottilien

An Weihnachten gehen in der Klosterkirche in St. Ottilien die Strohsterne auf. Diese Strohsterne lassen den Kirchenraum in einer wunderbaren Weise erstrahlen. Bei der Vesper, einer Gebetszeit des Klosters mit einer kurzen Ansprache, ist unsere Kirche übervoll besetzt.

Stroh und Stern – größer kann der Unterschied nicht sein. Der Stern verweist auf das Himmlische und Unvergängliche, das Stroh auf das Irdische und Vergängliche. Und diese beiden Gegensätze verbinden sich in der Weihnachtsgeschichte und in den Strohsternen, die hier an unseren Weihnachtsbäumen hängen. Stroh und Stern verbinden sich und werden zum Weihnachtszeichen. Sie werden zum Ausdruck für das, was an Weihnachten geschieht: Himmel und Erde verbinden sich.

Das Jesuskind lag auf Stroh wie alle armen Leute. Ein wahrlich „herunter gekommener" Gott! So weit unten würde man Gott niemals suchen. Wir suchen Gott oft nur da, wo es glänzt – aber er ist da, wo es dunkel ist und Nacht. Mitten im Stroh und Mist dieser Welt leuchtet Gottes Liebe sternenhell auf. Heinrich Heine dichtet mal über die Liebe: „Du fragst, mein Kind, was Liebe ist? Ein Stern in einem Haufen Mist!" – Denken wir an Menschen, die sich im Mist ihres Leben nicht mehr zurechtfinden. Denken wir an Menschen, die durch Krankheit und Krieg in große Not geraten sind.

Den Menschen bleibt manchmal nur noch ein Strohhalm, an den sie sich klammern können. Doch: Hoffnung kann tragen. Ein Strohhalm kann zum Stern werden.

Wer der Botschaft des Strohsterns folgt, findet das Wichtigste im Leben: den Heiland, den, der das Zerbrochene heilt, das Versagen vergibt und einen Neuanfang ermöglicht. Der aus dem Stroh, aus dem Abfall unseres Lebens einen leuchtenden Stern machen kann.

In der Weihnachtsgeschichte wird aus Stroh kein Gold gesponnen wie im Märchen von Rumpelstilzchen. Es ist keine Spinngeschichte, sondern da kommt der Glanz des Himmels in das Stroh dieser Erde hinein. Das ist die Botschaft von Weihnachten: In das Stroh deines Lebens kommt der Glanz des Himmels, wenn du Gott einlädst, wenn du JESUS einlädst.

Morgenstern
der finstern Nacht

Morgenstern der finstern Nacht,
der die Welt voll Freuden macht.
Komm herein, Jesus mein,
leucht in meines Herzens Schrein.

Schau, dein Himmel ist in mir,
er begehrt dich, seine Zier.
Säume nicht, o mein Licht,
komm, komm, eh der Tag anbricht.

Deinem freudenreichen Strahl
wird gedienet überall.
Schönster Stern, nah und fern
ehrt man dich als Gott, den Herrn.

WEIHNACHTSDUFT
VANILLEKIPFERL IM KLOSTER

Frater Korbinian Eibel, Stift Heiligenkreuz

Jedes Jahr dürfen unsere Novizen in unserer Klosterküche Vanillekipferl und andere Weihnachtskekse backen. Für einen guten Zweck – der Erlös geht an die Karmelitinnen in Mayerling – werden die Kekse dann beim Advent-Klostermarkt des Stiftes Heiligenkreuz verkauft.

Wenn Sie die Vanillekipferl nachbacken möchten, gebe ich Ihnen das Rezept gerne weiter:

ZUTATEN
140 g Butter
70 g Zucker
70 g Nüsse
175 g Mehl
2 Päckchen Vanillezucker zum Wenden
100 g Staubzucker zum Wenden

ZUBEREITUNG
1. Die Zutaten für den Teig gut miteinander verkneten. Anschließend in Folie gewickelt 30 Minuten in den Kühlschrank legen.

2. In der Zwischenzeit den Staubzucker in eine große Schüssel sieben und mit zwei Päckchen Vanillezucker vermengen.

3. Den Kipferlteig zu Rollen mit einem ungefähren Durchmesser von 4 cm formen. Danach in ca. 1–2 cm dicke Scheiben schneiden. Aus diesen Scheiben die Kipferl formen und nicht zu eng nebeneinander auf ein mit Backpapier belegtes Blech legen. Bei 175 °C (Umluft) ca. 10–15 Minuten backen. Wenn die Kipferl beginnen zu bräunen, sind sie gut.

4. Die Kipferl nun etwa 3 Minuten abkühlen lassen. Dann in die vorbereitete Zuckermischung legen und von allen Seiten darin wenden. Sind sie jetzt noch zu warm, zerbrechen sie sehr leicht; sind sie zu kalt, haftet der Puderzucker nicht mehr gut. Am besten immer wieder probieren, ob sie schon fest genug sind.

TIPP

Die Kipferl auch nicht zu eng auf das Backblech legen, weil sie ein wenig auseinanderlaufen. In einer Blechdose sind die Kipferl ca. 6 Wochen haltbar.

WEIHNACHTEN IM STIFT SCHLIERBACH

Abt Nikolaus Thiel, Stift Schlierbach

Wenn ich gefragt werde, welche Bräuche unser Zisterzienserkloster an Weihnachten pflegt, muss ich antworten: In unserer Gemeinschaft gibt es gar keine großartigen und besonderen Bräuche oder Riten. Weder Rezepte noch weihnachtliche Bräuche sind überliefert oder werden gepflegt.

Unser Weihnachtsfest beginnt zunächst mit einer Zeit, in der plötzlich Ruhe in die Klostermauern einkehrt. Die Kinder und Jugendlichen verlassen nach den Schulgottesdiensten ihre Schule, das Stiftsgebäude. Auch viele unserer Mitarbeiterinnen und Mitarbeiter verabschieden sich in freie Tage oder den Urlaub. Und so wird es am 23. Dezember nach und nach immer ruhiger.

Am 24. Dezember haben alle Mitbrüder noch zu tun, letzte Vorbereitungen sind in den Pfarren, den ihnen anvertrauten Kirchen zu treffen. Auch in der Stiftskirche wird noch der letzte Festtagsschmuck angebracht, die Krippe erhält die entsprechenden Figuren, die Altäre ihre Blumen, und die jüngeren Mitbrüder beginnen, den großen Christbaum im Refektorium zu schmücken. In einem großen Haus gehört es wie selbstverständlich dazu, dass man nicht alles findet, was man nach einem Jahr wieder braucht, und manche Suchaktion nach Christbaumkugeln oder dem schweren Christbaumständer wird nötig.

Das Weihnachtsfest selbst fängt mit der Ersten Vesper an. Die Mitbrüder aus den Pfarren kommen bereits von den Kindermetten nach Hause, und am Abend beginnt in der festlich geschmückten Stiftskirche das
lateinisch gesungene Abendgebet. Danach geht unsere Gemeinschaft in
den Speisesaal, das barocke, mit Carlonestuck und Fresken geschmückte Refektorium. Zum Abendessen gab es früher immer ein starkes Bockbier – übrigens das einzige Mal im Jahr. Da aber fast alle Mitbrüder zu
den Gottesdiensten in den auswärtigen Pfarren nochmals ins Auto stei-
gen mussten, blieb das Bockbier immer übrig und wurde in den letzten
Jahren nicht mehr aufgetischt. An das Abendessen schließt die eigent-

liche Weihnachtsfeier an. Gemeinsam singen wir alte Weihnachtslieder, der jüngste Mitbruder liest das Weihnachtsevangelium, der Abt hält eine kurze Ansprache, und der Prior wünscht im Namen der Mitbrüder dem Abt ein gesegnetes Fest. Mit dem *Stille Nacht* schließt die Feier. Früher waren auch die Weihnachtskekse etwas Besonderes, es gab sie erstmals in der Heiligen Nacht. Wie überall hat sich auch bei uns das verändert. Die Kekse sind zu diesem Zeitpunkt nichts Besonderes mehr, viele Mitbrüder haben bei Hausbesuchen oder sonstigen Weihnachtsfeiern schon mehr als genug verkosten müssen oder dürfen.

In der Kapelle singen wir dann noch die Vigilien, die Nachtgebete, ehe viele von uns wieder wegfahren, um die Gottesdienste in den umliegenden Kirchen zu feiern.

Ebenso sind am Weihnachtstag viele Gottesdienste und viele Mitbrüder fahren in die Kirchen unserer Gegend. Zum festlichen Mittagessen versammeln sich alle. Kaffee war einst etwas Teures und wurde nur selten getrunken. Ein Kaffee mit Torte nach dem Essen war in unserem Kloster immer den höchsten Feiertagen vorbehalten, diese Tradition pflegen wir noch gerne.

EIN HUTZELBROT ZU WEIHNACHTEN

Abt Johannes Schaber, Benediktinerabtei Ottobeuren

Ich öffne das 24. Fensterchen meines Adventskalenders, den die zehnjährige Theresia gebastelt und mir vor vier Wochen geschenkt hatte. Es ist Heiligabend. Meinen Mitbrüdern bleibt am Vormittag noch einige Zeit für die letzten Vorbereitungen auf die Festtage. In der Chorkapelle und im Refektorium werden die Christbäume geschmückt, in der Basilika die Gottesdienste und in der Klosterküche die Mahlzeiten für die Festtage vorbereitet. Die Pförtnerin sortiert die letzten Weihnachtsbriefe in die überfüllten Postfächer der Mönche ein. Und während die Patres noch an ihren Weihnachtspredigten feilen, fahre ich zu meinen engsten Mitarbeiterinnen und Mitarbeitern, um ihnen persönlich ein gesegnetes Weihnachtsfest zu wünschen und mich für die gute Zusammenarbeit im zurückliegenden Jahr zu bedanken.

Als Geschenk habe ich für sie alle eine schwäbische Spezialität dabei, ein Hutzelbrot, auch Schnitzbrot genannt. Seit Kindertagen gehört es für mich zu Weihnachten, weil wir in unserer Familie meinem Vater Willi, der Konditor- und Bäckermeister von Beruf war, bei der aufwendigen Herstellung helfen mussten. Auch wenn ich schon 35 Jahre lang im Kloster bin, haben meine Eltern Jahr für Jahr für mich mehrere Hutzelbrote mitgebacken, damit ich sie verschenken konnte. Mein Vater nannte mir für zwei große (knapp 1000 gr) und drei kleine Hutzelbrote (knapp 500 gr) folgendes Rezept:

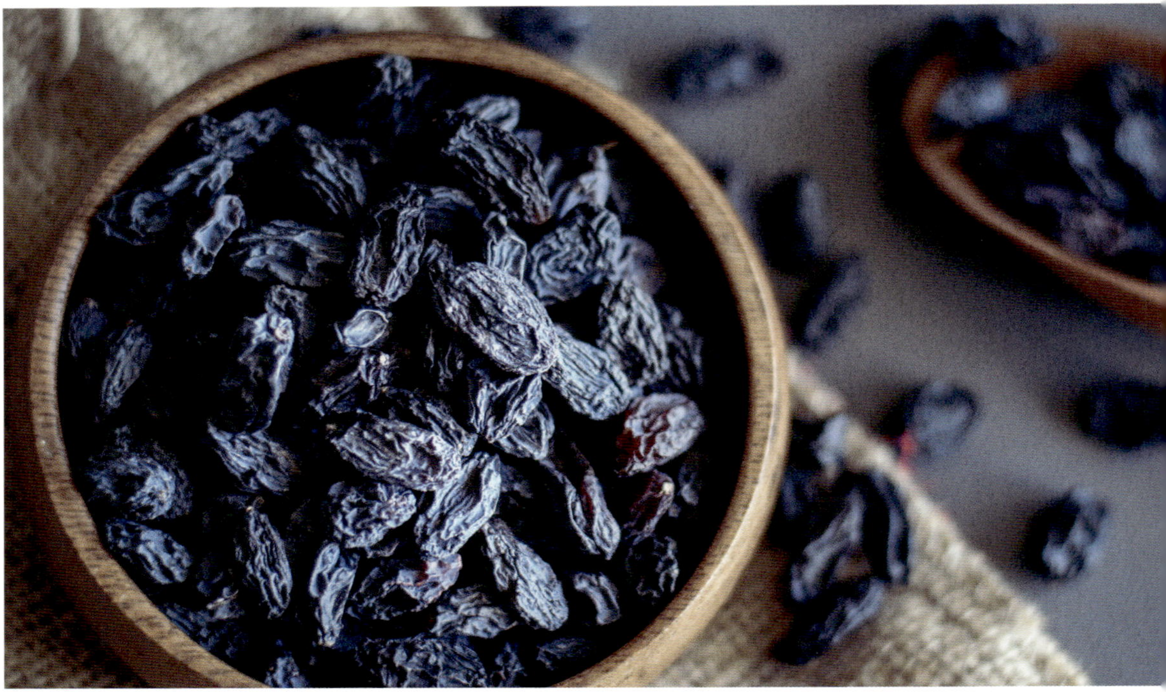
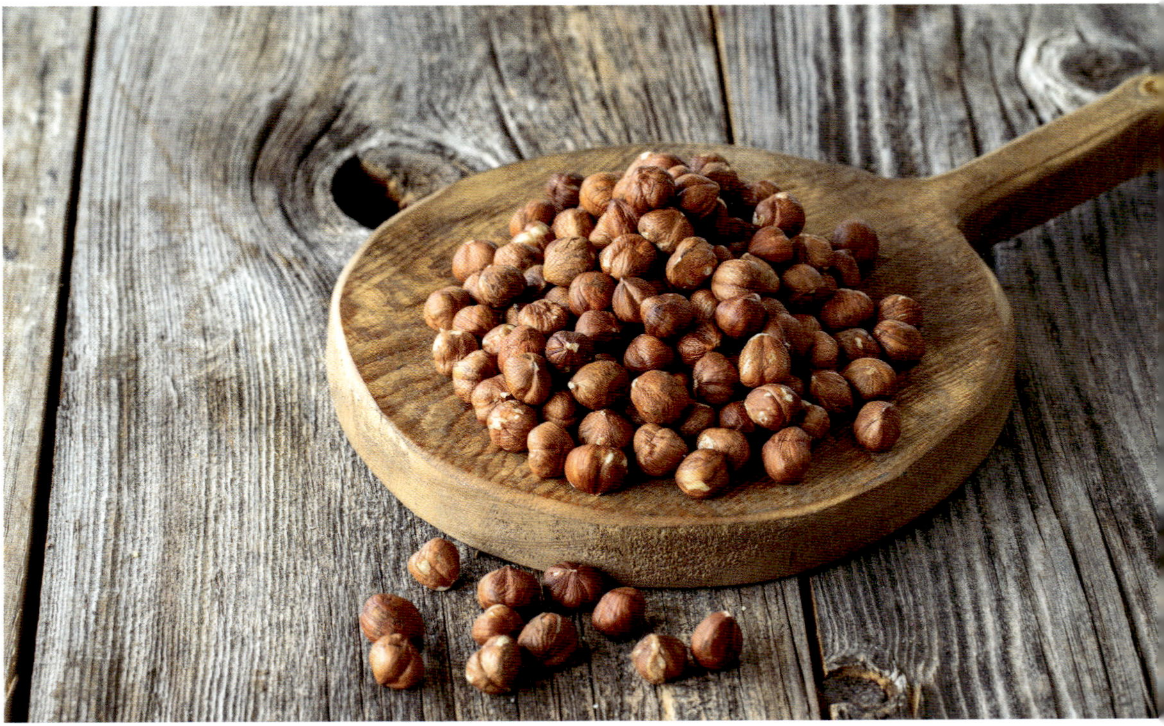

Hutzelbrot

ZUTATEN

450 g Weizenmehl Typ 405

60 g Hefe

200 g Birnenschnitze

200 g getrocknete Pflaumen

300 g Sultaninen (Rosinen)

1000 g Kranzfeigen

200 g Haselnüsse ganz

200 g Mandeln ganz

50 g Zitronat

50 g Orangeat

10 g Zimt

5 g Anis

5 g Fenchel

4 g Nelken

150 g Zucker

375 g Schnitzbrühe (Einweichbrühe der Birnenschnitze)

ZUBEREITUNG

1. Die Birnenschnitze müssen über Nacht eingeweicht werden.

2. Am andern Tag dreht man sie zusammen mit den getrockneten Pflaumen, dem Zitronat und dem Orangeat durch den Fleischwolf.

3. Zusammen mit der Schnitzbrühe und den Zutaten, außer den Feigen, Mandeln und Haselnüssen, bereitet man einen Teig zu, der 30 Minuten ruhen muss.

4. In der Zwischenzeit schneidet man die Feigen in kleine Stücke und arbeitet sie mit den ganzen Mandeln und ganzen Haselnüssen nach der Ruhezeit unter den Teig, der dann nur noch in der gewünschten Größe abgewogen und lang oder rund geformt werden muss.

5. Zuletzt wird jedes Teigstück mit Wasser abgestrichen und im Ofen bei einer Backtemperatur von 210 °C gebacken. Die Backzeit hängt von der Größe der Brote ab, zwischen 40 und 50 Minuten.

TIPP

Das Hutzelbrot schmeckt für sich schon sehr lecker, aber man kann auch Butter auf eine Scheibe aufstreichen und sogar noch etwas Klosterhonig.

DA WIRD WEIHNACHTEN

Frater Anselm Demattio, Stift Kremsmünster

Die Engel verheißen den Frieden

In der Nacht hat es ein wenig geschneit. Im weißen Kleid stehen weihnachtlich geschmückte Tannen vor dem Klostertor und leuchten leise in die Morgendämmerung. Noch ist es ganz still an diesem 24. Dezember. Drinnen im Kloster sind wir gerade mit der ersten Gebetszeit fertig geworden und gehen zum Frühstück. Heiligabend beginnt bei uns in aller Ruhe. Allerdings kündigt sich bereits am Morgen ein langer Tag an. Nicht nur der Christbaum im Refektorium, wie der Speisesaal im Kloster heißt, wartet darauf, von unseren Novizen mit bunten Kugeln behängt zu werden. Manche Predigten sind noch zu schreiben, Gottesdienste und Krippenspiele vorzubereiten. Da die meisten von uns Priester sind, gehört für sie der Weihnachtsabend zu den arbeitsintensivsten Zeiten im Jahr. Heute Abend sind sie in vielen umliegenden Pfarreien unterwegs, um mit den Menschen Christi Geburt zu feiern.

Doch zurück vor das Klostertor. Inzwischen ist es hell geworden, und eine rege Betriebsamkeit hat sich breitgemacht. Nicht wenige Leute sind gekommen, um bei uns noch ihre letzten Einkäufe zu erledigen. Kleine Geschenke aus dem Klosterladen, eine Flasche Wein aus der Kellerei oder ein frischer Karpfen werden da nach Hause getragen. Dieser Fisch gehört in unserer Gegend am Heiligen Abend einfach dazu – auch bei uns Mönchen. Goldbraun herausgebacken dampft er neben frischen Salzkartoffeln jedes Jahr am Mittag des 24. Dezember auf den Tellern in unserem Refektorium.

Schon früh setzt an diesem kurzen Dezembertag die Dämmerung ein, und es wird wieder still. Man spürt aber, etwas liegt in der Luft. Erhofft, ersehnt und manchmal ebenso mit Sorgen erwartet, beginnt der Vorabend von Weihnachten. Mitten in unsere Zeit und Welt hinein will das Wort Gottes Mensch werden, unter uns wohnen und in unseren Herzen ankommen. Und das oft so unscheinbar wie damals in der Krippe von Bethlehem. In Jesus dürfen wir uns von neuer Lebenshoffnung und Freude beschenken lassen. Die Engel verheißen den Frieden. Es wird

Zeit, die Sorgen hinter uns zu lassen und uns zu öffnen für das Geheimnis von Weihnachten.

Wir Mönche beginnen das Fest an einem Ort, der uns viel bedeutet, nämlich auf unserem kleinen Friedhof neben der Kirche, wo sich früher einst der Kreuzgang befand. Auf den Gräbern brennen kleine rote Friedhofskerzen, und die beiden Kirchtürme weisen mit ihren Spitzen in den bewölkten Nachthimmel. Hier gedenken wir unserer Verstorbenen, um sie gerade an Weihnachten teilhaben zu lassen an unserem Feiern – im Glauben und der Hoffnung, dass der Tod nicht das Letzte ist, sondern der Übergang zum Leben bei Gott. Gleich darauf besuchen wir unsere alten und kranken Mitbrüder in der Infirmarie, der Pflegestation im

Kloster. Wenn wir dann zusammen Weihnachtslieder singen und der Abt jedem ein kleines Geschenk in die Hände drückt, leuchten so manche alt gewordene Augen wie in längst vergangenen Kindertagen.

Die Sorge für die Kranken und Schwachen legt der heilige Benedikt in seiner Regel den Mönchen mit Nachdruck ans Herz. Überhaupt sollen alle achtsam miteinander umgehen, was uns manchmal viel abverlangt. Konflikte und Unfrieden machen auch vor Klostermauern nicht halt. Bereits Benedikt hat das zu seiner Zeit vor bald 1500 Jahren erleben müssen. Deswegen ist es ihm wichtig, dass die Mönche dies nicht einfach hinnehmen, sondern sich stets um den Frieden bemühen. Das Kloster sieht er als Werkstatt, in der alle an sich arbeiten sollen, um den Weg der Gottsuche in Gemeinschaft jeden Tag neu einzuüben. An anderer Stelle nennt er es außerdem eine Schule für den Dienst des Herrn. Eine echte Schule des Christseins soll es sein, die das ganze Leben dauert. Und weil man da nie auslernt, haben wir selbst an Weihnachten nicht frei. Bei allen Schwierigkeiten auf dem Weg erleben wir Mönche übrigens gerade an diesen Festtagen unsere Gemeinschaft und Verbundenheit in besonderer Weise. Unstimmigkeiten und Meinungsverschiedenheiten treten zurück und machen Platz für das Kommen Jesu in unserer Mitte, für das kleine Kind in der Krippe.

Das Geheimnis der Menschwerdung

Mittlerweile ist es dunkel geworden. Viele Familien sind nach der Kindermette der Pfarrei wieder auf dem Heimweg, und der große Innenhof des Klosters leert sich. Wir Mönche sind fast allein, wenn wir – wie an allen Tagen des Jahres – um 18 Uhr beginnen, die Vesper zu singen. Die ausgewogene Struktur von Gebet, Arbeit, Ruhe und Essenszeiten prägt unser Leben im Kloster, tagaus, tagein. Feiertage machen da keine Ausnahme. Manches ist aber dann doch ein bisschen anders. Vor allem an den hohen Festtagen, die wir im Kloster bewusst feiern. Da dauert dann alles etwas länger, die Gottesdienste sind festlicher gestaltet und auch das Essen ist feiner als sonst. Gelegentlich verschiebt sich sogar der Zeitplan. An Weihnachten kommt das alles zusammen. Schon die Vesper am Heiligen Abend mit ihren alten Gesängen in lateinischer Sprache ist sehr stimmungsvoll. Nach einer kurzen Pause halten wir Mönche gleich die nächste Gebetszeit, die Vigil von Weihnachten. Die Psalmen, Gesänge und Lesungen preisen Gott und lassen die Hoffnung und Freude des Festes spüren. Mit diesem Nachtgebet beginnt nach alter Tradition der neue Tag, jetzt darf es bei uns also wirklich Weihnachten werden!

Überhaupt nimmt die Liturgie bei uns an Weihnachten viel Zeit in Anspruch, was einen diese Tage auf eine intensive Art miterleben lässt. Sie eröffnet einen eigenen Zugang, dem Geheimnis der Menschwerdung Gottes tief nachzuspüren und darin einzutauchen. Vom heiligen Benedikt heißt es, dass er mit dem Herzen vollkommen bei Gott wohnte und gleichzeitig mit beiden Beinen mitten im Leben hier auf Erden stand. Sein Beispiel lehrt uns Mönche, dass nicht nur unsere Seele, sondern auch der ganze Mensch genährt werden will. Schließlich gehören gutes Essen und Gemütlichkeit zu einem gelungenen Fest unbedingt dazu. Und ja, es gibt sogar eine Bescherung im Kloster. Doch der Reihe nach.

Wenn wir mit der Vigil fertig sind, kommen wir im weihnachtlich geschmückten Refektorium rund um den Christbaum zusammen. Die aufgesteckten Kerzen an seinen Ästen sind entzündet und erfüllen den Raum mit ihrem warmen Licht. Direkt vor dem Baum ist eine große Krippe aufgebaut, aus der uns das Jesuskind freudig anlacht. Auf den Ti-

schen warten Weihnachtskekse in allen Formen darauf gekostet zu werden. Dennoch bleiben wir zunächst stehen und warten, bis es still wird
im Raum. Ein Mitbruder stimmt daraufhin das erste Weihnachtslied an.
Wie früher daheim, denkt sich so mancher. Einen jeden berührt es auf
seine Weise, wenn wir im Kerzenschein *Stille Nacht* singen und danach
ein Mitbruder auf Latein den uralten Text des Martyrologiums vorträgt,
das die Geburt Jesu ankündigt. Erst danach nehmen wir Platz und lassen uns das Abendessen schmecken. Unterdessen steht der Abt auf und
beginnt, jedem von uns ein schön eingepacktes, kleines Geschenk zu
überreichen, mit den besten Wünschen für ein gesegnetes Weihnachtsfest. Was drin ist? Nun, bei uns gibt es die Tradition, dass wir dem Abt

zum Fest einen kleinen Wunschzettel schreiben dürfen. Die Geschmäcker sind da recht verschieden. Der eine hat Freude an einem neuen Buch, der andere wünscht sich eine Konzertkarte, und wieder ein anderer freut sich über gute Lebkuchen. Ob die Wünsche dann in Erfüllung gehen? Das ist freilich Sache des Christkinds, doch trifft es in der Regel immer gut. So wissen wir uns an diesem Abend alle beschenkt. Eine leise Freude macht sich breit. Weihnachten ist da.

Da ist Gott mitten unter uns

Wie es aber mit den besinnlichen Stunden oft so ist, schnell gehen sie vorüber – im Kloster ist es nicht anders. Bald müssen die ersten Mitbrüder aufbrechen, um in den umliegenden Gemeinden mit den Menschen die Christmette feiern zu können. Manche halten an diesem langen Winterabend gleich mehrere Gottesdienste und nehmen dafür oft lange Wege auf sich. Dies ist ihnen und uns Mönchen ein Anliegen, damit möglichst viele Menschen gerade an diesem Tag im Jahr die Gelegenheit haben, in der Kirche gemeinsam zu singen, zu beten und Gott zu loben. So wird es ruhig im Refektorium, die fröhliche Runde verläuft sich. Bis zur Mette in der Klosterkirche ist noch etwas Zeit.

Erst zu vorgerückter Stunde tut sich wieder etwas auf dem großen Klosterhof vor der Kirche. Bald beginnt die Christmette, zu der das volle Geläut der Glocken mitten in die Stille der Nacht hinein einlädt. In der Regel steht der Feier der Abt selbst vor, für den zu diesem hohen Anlass kostbare Gewänder aus den barocken Schränken der Sakristei hervorgeholt werden. Auch unsere Kirchenmusik hebt an Weihnachten wahre Schätze aus ihrem Repertoire. So bringen Chor und Orchester unserer

Stiftskirche eine Festmesse zu Gehör, vielleicht von Wolfgang Amadeus Mozart oder Joseph Haydn. Ebenso erklingt das Lied *Stille Nacht*, das an diesem Tag schließlich nicht fehlen darf. Spät geht ein langer 24. Dezember zu Ende. Müde, aber erfüllt vom Fest der Geburt Christi, ziehen wir uns auf unsere Zimmer zurück. Einsam leuchten nur noch draußen die mit elektrischen Kerzen besteckten Christbäume ins Schneetreiben der kalten Weih-Nacht.

Bereits in den frühen Morgenstunden dürfen wir Mönche uns am 25. Dezember über ein ungewöhnliches Weihnachtsgeschenk freuen: gut anderthalb Stunden länger schlafen. Wie nur an einer Handvoll Tage im Jahr halten wir unser Morgengebet nämlich an diesem Festtag nicht wie gewohnt um 6 Uhr, sondern erst um 7.30 Uhr. Eine Kleinigkeit vielleicht, doch sehr wohltuend. An diesem eigentlichen Weihnachtstag folgt mit dem feierlichen Hochamt, das wie die Mette von Chor und Orchester begleitet wird, der nächste Höhepunkt dieser Tage. Seit Jahrhunderten pflegen wir wie andere österreichische Klöster eine reiche musikalische Tradition, die an den Feiertagen zu großen Ehren kommt. Das ist jedes Mal ist ein richtiger Ohrenschmaus. Nicht mehr viel Zeit bleibt danach bis zum Mittagsgebet, an das sich das festliche Mittagsmahl anschließt. Was dann köstlich duftend auf den Tisch kommt, wechselt von Jahr zu Jahr. Einen festen Brauch, wie die mancherorts übliche Weihnachtsgans, haben wir in Kremsmünster nicht. Meistens gibt es für unsere Region typische Festtagsgerichte wie einen feinen Braten. Weil es vielen schmeckt, wird manchmal auch italienisch gekocht. Einer sehr sinnvollen Sitte unserer südlichen Nachbarn huldigen nach dem Essen aber in jedem Jahr die meisten von uns, sie halten eine ausgiebige Siesta. Nach den langen und anstrengenden Feierlichkeiten haben wir die wirklich nötig. Nicht wenige weckt erst wieder die Hausglocke, wenn sie zur Vesper ruft.

In den nächsten Tagen wird es im Kloster ruhig. Viele Mitbrüder nützen die Gelegenheit, um Freunde und Verwandte zu besuchen oder sich von den Anstrengungen der letzten Zeit zu erholen. Vorher wird noch der zweite Weihnachtsfeiertag groß gefeiert. Er steht im Zeichen des Heiligen Stephanus, weshalb er in Österreich einfach nur Stephanitag genannt wird. Wie die meisten Leute schätzen wir Mönche die stillen Tage der Weihnachtszeit zwischen den Jahren mit ihrem eigenen Gepräge. Zu Silvester stoßen wir an und unternehmen an Neujahr eine kleine Wallfahrt im Kreis der Mitbrüder, um den Segen Gottes für unser Kloster und die Welt zu erbitten. Nach Dreikönig mit der Haussegnung ist dann für die meisten von uns die Atempause der weihnachtlichen Tage wieder vorbei, die Arbeit ruft. Die Krippe in unserer Kirche aber bleibt traditionell noch bis zum 2. Februar stehen, dem Fest Darstellung des Herrn, nach alter Sitte Mariä Lichtmess genannt. Mit dem Segen über die Kerzen des neuen Jahres, festlich vor der Krippe aufgebaut, geht an diesem Tag auch ihre Zeit zu Ende – bis zum nächsten Weihnachten.

Die Christbäume im Kloster und vor dem großen Tor sind da schon längst abgeräumt. Der Christbaumschmuck ist wieder gut verstaut, und der Alltag hat uns wieder. Doch die Botschaft von Weihnachten, die bleibt im Herzen. Manchmal ist sie vielleicht in einem stillen Winkel versteckt, wo sie leicht übersehen oder vergessen wird. Manchmal leuchtet sie aber auch richtig hell. Das ganze Jahr über nährt sie uns, schenkt Geborgenheit und Hoffnung. Wie an Weihnachten tritt Gott immer wieder liebevoll und oft unscheinbar in unsere Welt ein. Wo ein gutes Wort gesagt wird. Wo ein neuer Anfang gewagt wird. Wenn Frieden wird, wo vorher Streit und Gewalt war. Wenn ein aufmerksamer Blick tröstet und ein Lächeln auf ein Gesicht zaubert. Da ist Gott mitten unter uns. Da wird Weihnachten.

Es ist ein Ros' entsprungen

Es ist ein Ros' entsprungen
aus einer Wurzel zart,
wie uns die Alten sungen,
von Jesse kam die Art
und hat ein Blümlein bracht
mitten im kalten Winter
wohl zu der halben Nacht.

Das Röslein, das ich meine,
davon Jesaja sagt,
ist Maria, die Reine,
die uns das Blümlein bracht.
Aus Gottes ewgem Rat
hat sie ein Kind geboren,
welches uns selig macht.

Das Blümelein so kleine,
das duftet uns so süß;
mit seinem hellen Scheine
vertreibt's die Finsternis.
Wahr' Mensch und wahrer Gott,
hilft uns aus allem Leide,
rettet von Sünd und Tod.

NÜRNBERGER LEBKUCHEN

Bruder Marianus Kreißel, Benediktinerabtei Maria Laach

Auch als Klosterbruder wird man von wohlwollenden Familienangehörigen und Freunden in der Weihnachtszeit mit Geschenken bedacht. Solche „Carepakete" erreichten mich schon während meiner Noviziatszeit, die sich von 1959 bis 1961 erstreckte. Laut unserer Ordensregel, der Regula Benedicti, dürfen wir aber nur mit Erlaubnis des Abtes Geschenke annehmen (RB 54); wem in der Gemeinschaft dieses Geschenk dann zugeteilt wird, bestimmt man allerdings nicht selbst. So wurde mir empfohlen, die große, bunte, schön gestaltete Lebkuchentruhe, die sich in einem dieser Carepakete befunden hatte, an die kranken Mitbrüder in der Infirmerie, unserer Krankenstation, weiterzugeben. Dies fiel mir auch nicht schwer, denn zur gleichen Zeit wurden die ersten jungen Männer in die in den Fünfzigerjahren gegründete Bundeswehr eingezogen, und um diesen Dienst kam ich nur dank meines Klostereintritts herum. Da ich meines Noviziatsplatzes nicht wegen ein paar süßer Lebkuchen verlustig gehen wollte, brachte ich das Carepaket in der Freude meines jugendlichen Herzens froh in die Krankenstation.

Es war nun zwei Tage vor Weihnachten, als ich in meiner Funktion als Auszubildender in der Elektrowerkstatt der Abtei zu unserem Pater Ökonom in dessen Büro gerufen wurde. Er war ein Mann von soldatischer Haltung und Größe, der als Offizier im Ersten Weltkrieg gedient hatte. Etwas naive Gemüter konnten sich bei seinem Anblick leicht vorstellen, was es heißt: „Ich bin der Herr, dein Gott" (Ex 20,2). Er selbst aber hat immer bescheiden betont, dass er aus dem kleinen Eifelstädtchen Mayen – diesseits und jenseits der Nette gelegen – stamme und nicht aus Bethlehem-Ephrata.

Jedenfalls war er in Verlegenheit, weil ein wichtiges Verbindungsglied zu seinen „Untergebenen" defekt war. Dabei handelte es sich um seine Regierungsklingel, wie wir sie nannten. Griff er zur Klingel, hieß es dann, je nachdem, wie oft er sie betätigte, einem Morsegerät nicht unähnlich: „Kommen Sie bei nächster Gelegenheit" oder „zeitnah" oder „umgehend und sofort". Ich konnte dieses „Regierungsinstrument" schnell wieder in Gang bringen, es war wie eine batteriebetriebene Klingel, deren Spannungsquelle etwas korrodiert war.

Für die schnelle Hilfe bedankte er sich überschwänglich und wollte mir zum Dank eine besondere Köstlichkeit schenken. Er öffnete seinen Schrank, holte jene Truhe mit den Nürnberger Lebkuchen heraus und überreichte mir einen Mandelwecken mit der Betonung, dass ich ja selbst aus jener Stadt gebürtig sei.

Obwohl ich nicht in der Krankenabteilung lebte – was ja der ursprüngliche Zielort sein sollte – habe ich doch meinen bescheidenen Anteil am „Carepaket" bekommen. Jetzt konnte Weihnachten werden.

Diese Zeilen schreibe ich heute mit einem gewissen Schmunzeln, gepaart mit etwas Melancholie, da das ehemalige Büro des Pater Ökonom nun meine Zelle, mein Wohnraum ist. *Tempus fugit.*

NONNENKÜSSCHEN

Rezept aus dem Kloster Hornbach

ZUTATEN

2 Eiweiß
1 Pk Vanillezucker
200g Zucker
200g gehackte Mandeln
200g geröstete Mandeln
30 Haselnüsse

ZUBEREITUNG

1. Das Eiweiß steif schlagen und nach und nach Zucker und Vanillezucker zufügen. Die gerösteten und gehackten Nüsse unterheben.
   Danach mit einem Löffel von der Masse kleine Häufchen abstechen
   und auf ein mit Backpapier ausgelegtes Backblech setzen. Jedem
   Kuss eine Nuss als Verzierung aufsetzen.

2. Nun im Backofen bei 150 Grad etwas 25-30 Minuten backen.

3. Und schon sind sie fertig.

TIPP

*Um die Weihnachtsplätzchen zart und locker zu halten, legen Sie
einen Apfelspalt in die Keksdose.*

Wir wünschen viel Erfolg beim Nachbacken und hoffen, Ihnen
schmecken die Nonnenküsschen so gut wie uns.

EIN WEIHNACHTSBILD

Größe: 20 x 13,5 cm

Das Weihnachtsbild *Der heilige Franziskus und die heilige Klara beten das Jesuskind in der Krippe an* wird in der Kunstsammlung der Zisterzienserabtei Stift Heiligenkreuz aufbewahrt. Das Bild entstand um 1680. Der Künstler ist unbekannt. Es handelt sich um ein Ölgemälde auf Kupfer.

Links sieht der Betrachter den heiligen Franziskus von Assisi. Rechts kniet die heilige Klara. Neben ihr ist ihr Attribut, die Monstranz mit der Hostie, zu sehen. Die Mitte des Bildes zeigt das Jesuskind, das als strahlende Lichtquelle den Ursprung allen Lebens darstellt. Die Mutter Jesu ist in der Mitte hinter der Krippe kniend dargestellt. Sie kreuzt die Hände vor der Brust, über ihrem Haupt ein Heiligenschein. Der heilige Josef steht am rechten Rand. Weder die Laterne in seiner unmittelbaren Nähe noch die Mondsichel reichen ansatzweise an die strahlende Lichtquelle heran, die das Jesuskind bildet. Die Szenerie erinnert in ihrer Farbausführung an die berühmten Kupfermalereien des 1610 verstorbenen deutsch-römischen Künstlers Adam Elsheimer, dem dieses Bild ursprünglich zugeschrieben wurde.

KLOSTERKIPFERL

Wunderbare kleine Klosterkipferl mit Schokoladen-
glasur, ein tolles Rezept zu einem Kaffee und für deine
Weihnachtsbäckerei

ZUTATEN

40 g dunkle Schokolade, fein gerieben

170 g Mehl

120 g Butter

50 g Puderzucker

80 g geriebene Haselnüsse

1 Stk Eigelb

1 Pk Vanillezucker

80 g dunkle Schokolade

20 g Butter

ZUBEREITUNG

1. Für die Klosterkipferl zuerst die Schokolade für den Teig fein reiben.

2. In eine Schüssel das Mehl hineingeben und die Butter in Stücke geschnitten hinzufügen. Nun Mehl mit Butter abbröseln. Danach den Puderzucker, Haselnüsse, Eigelb, Schokolade und Vanille-zucker zufügen. Alles zu einem festen Teig verkneten, dabei schnell arbeiten, damit der Teig nicht zu weich wird.

3. Den Teig in Frischhaltefolie wickeln und eine halbe Stunde im Kühlschrank rasten lassen.

4. Danach den Teig in 2 gleichgroße Stücke teilen und diese dann zu ca. 4 cm dicken Rollen formen. Davon einzelne 1 cm dicke Stücke abschneiden und daraus Kipferl formen und auf ein mit Back-papier ausgelegtes Backblech legen. Für 10-20 Minuten bei 180 Grad im vorgeheizten Backofen, Ober- und Unterhitze, backen. Dann die Kipferl aus dem Ofen nehmen, auskühlen lassen.

5. Zum Verzieren: Die Schokolade mit etwas Butter über einem Wasserbad zum Schmelzen bringen und die Enden der fertig ge-backenen Kipferl kurz eintunken und trocknen lassen.

VON GOTT BESCHENKT WERDEN

Schwester Charis Doepgen,
Benediktinerinnenabtei Kellenried

Was ist eigentlich das Besondere an den Weihnachtstagen in einer Benediktinerinnenabtei? Die Antwort scheint ganz einfach: Es ist die festliche Feier der Liturgie! Wobei ich aber gleich einräumen muss, dass dies keine Besonderheit des Weihnachtsfestes ist, denn wir feiern täglich die Liturgie. Liturgisches Feiern in Gottesdienst und Stundengebet bildet den Mittelpunkt unseres Lebens. Ein Feiern, das von einem sehr nüchternen monastischen Alltag umgeben ist.

Und doch ist Weihnachten von einer außergewöhnlichen Atmosphäre getragen. Es ist immer wieder interessant zu beobachten, dass Neueingetretene ihr erstes Weihnachtsfest im Kloster äußerst unterschiedlich erleben. Während die einen das stimmungsvolle Ambiente ihrer Familie vermissen, wirkt die Konzentration auf die geistliche Dimension des Festes auf die anderen wie eine wohltuende Befreiung. Und vor diesem Hintergrund erwächst den einzelnen Elementen in der Weihnachtszeit eine ganz besondere Bedeutung.

Den liturgischen Auftakt bildet am Heiligen Abend das Martyrologium mit der feierlichen Ankündigung der Geburt Christi. Dazu ziehen wir am 23. Dezember vor der Vigil ins Kapitel. Die Kantorin singt den eindrucksvollen Text des Martyrologiums, in dem die Menschwerdung des Gottessohnes als ein Ereignis der Weltgeschichte verkündet wird. Und auch heute noch geht mir dieser Gesang unter die Haut! Nach den Schlussworten – „Wir feiern die Geburt unseres Herrn Jesus Christus in unserm armen Fleisch" – folgt ein stilles Gebet in tiefer Verneigung. Während wir aus dem Kapitel in die Kirche zurück ziehen, spielt die Orgel den Choral *Wachet auf, ruft uns die Stimme*. Diese kleine Zeremonie gleicht einem Weckruf für das ganze Weihnachtsfest.

Die Weihnachtsvigil am Heiligen Abend, an die sich die Mitternachtsmesse anschließt, bildet einen Höhepunkt des liturgischen Feierns. Wir freuen uns, dass wir diese Gottesdienste mit vielen Besuchern feiern können. Schon am Nachmittag zur ersten Vesper ist unsere Gästekirche meist gut gefüllt. Aber auch außerhalb der Gottesdienste zieht unsere Barockkrippe in der Weihnachtszeit viele Besucher an, die auf den Spuren der oberschwäbischen Barockkrippen unterwegs sind.

Ein wesentlicher Teil der jüngst umfassend restaurierten Figuren steht in einem eigenen Raum nahe der Pforte. Im Kreis der oberschwäbischen Krippen sind die bis zu neunzig Zentimeter großen Figuren ein echtes Highlight. Eine kleinere Gruppe der historischen Figuren ist in der Klausur im Kreuzgang aufgestellt. Und bereits im Advent trifft dort der Verkündigungsengel auf Maria, bevor sich Josef und ein weiterer Engel bei der noch leeren Krippe einfinden. Erst in der Heiligen Nacht ist dann auch das Kind da – erwartet und begrüßt vom ganzen Konvent nach dem Gottesdienst.

An dieser Krippe singen wir zwischen Weihnachten und Epiphanie jeden Abend nach der Rekreation ein mehrstimmiges Weihnachtslied. Wobei unser Repertoire über O *du fröhliche* hinausreicht. Aber selbstverständlich kommen auch die bekannten Klassiker vor – allerdings bei uns nicht in gemütlicher Runde unter dem Weihnachtsbaum mit Punsch und Gebäck. Und manche der von uns gesungenen Texte brechen diese idyllische Weihnachtsseligkeit geradezu auf, etwa das Gedicht von Rudolf Alexander Schröder, *Nun vergesst der Traurigkeit*, dem es gelingt „Krippe, Kreuz und Ostermorgen" zusammenzubringen.

Im festlich geschmückten Refektorium befindet sich unser Weihnachtsbaum. Hier sind die sonst hufeisenförmig angeordneten Tische zu einer großen Tafel zusammengerückt. Das einfache Abendessen am 24. Dezember findet bei Kerzenlicht und mit Tischmusik statt. Noch herrscht Schweigen, das an diesem Abend nur kurz unterbrochen wird, wenn gegen 18 Uhr die Berger Musikanten zum Kloster kommen und ihr Ständchen in den Abendhimmel blasen.

Nach der abendlichen Liturgie ist die Nacht kurz. Aber das Feiern geht weiter. Der Introitus im Tagesamt – „Puer natus est ... Ein Kind ist uns geboren, ein Sohn ist uns geschenkt" – weckt in uns Emotionen, die womöglich denen glücklicher Eltern nach der Geburt des Stammhalters gleichen. Auf jeden Fall verwandelt sich unsere adventliche Erwartung nun in die freudige Dankbarkeit für Gottes Gegenwart in unserer Welt. Und nach dem liturgischen Marathon der vergangenen Stunden genießen wir am ersten Weihnachtstag bei lockerem Gespräch einen ausgiebigen Brunch mit einem köstlichen Buffet. Da will dann niemand so schnell aufstehen; erst das Läuten zur Mittagshore setzt einen Schlusspunkt.

Jedes Jahr erleben wir uns als reich beschenkt. Im Konvent – quasi unserem Wohnzimmer – sammeln sich auf einem großer Geschenktisch alle Gaben, die wir miteinander teilen, ob es Bücher sind oder CDs, Kalender oder Süßigkeiten. Und auch hier steht ein kleinerer Christbaum und darunter jährlich eine andere Krippe aus unserer Sammlung. Die große historische Krippe hatte in den 1950er Jahren den Anstoß zu unserer Kellenrieder Krippenwerkstatt gegeben. So wurde dem Thema Weihnachtskrippe in unserem Haus immer besondere Aufmerksamkeit zuteil. Auf eine geschnitzte Heilige Familie aus Nigeria kann im nächsten Jahr eine aufwändige Krippenszene aus Oberammergau folgen, auf eine moderne Keramikkrippe aus Frankreich ein großes süddeutsches Fatschenkind im eleganten Rokokoschrein.

An zwei Abenden in der Weihnachtswoche gibt es auch noch Begegnungen mit Sternsingergruppen aus den Nachbarpfarreien. Die kleinen Sänger und Sängerinnen haben in den Schwestern ein dankbares Publikum. In solchen Momenten wird spürbar, dass Weitergabe des Glaubens keine Einbahnstraße ist.

Wenn das erste Weihnachtsfest im Kloster vielleicht noch etwas ernüchternd war – man hat keine Plätzchen gebacken und keine Geschenke verpackt – kann von Jahr zu Jahr doch eine große Freude über den geistlichen Reichtum, der uns in der Liturgie angeboten wird, wachsen. Das Staunen und der Dank dafür lassen sich kaum besser ausdrücken als in dem Lied von Paul Gerhardt, „Ich steh an deiner Krippen hier, o Jesu, du mein Leben… ich sehe dich mit Freuden an."

Weihnachten feiern als ein Fest des Beschenkt-Werdens von Gott her, das wollen wir lernen.

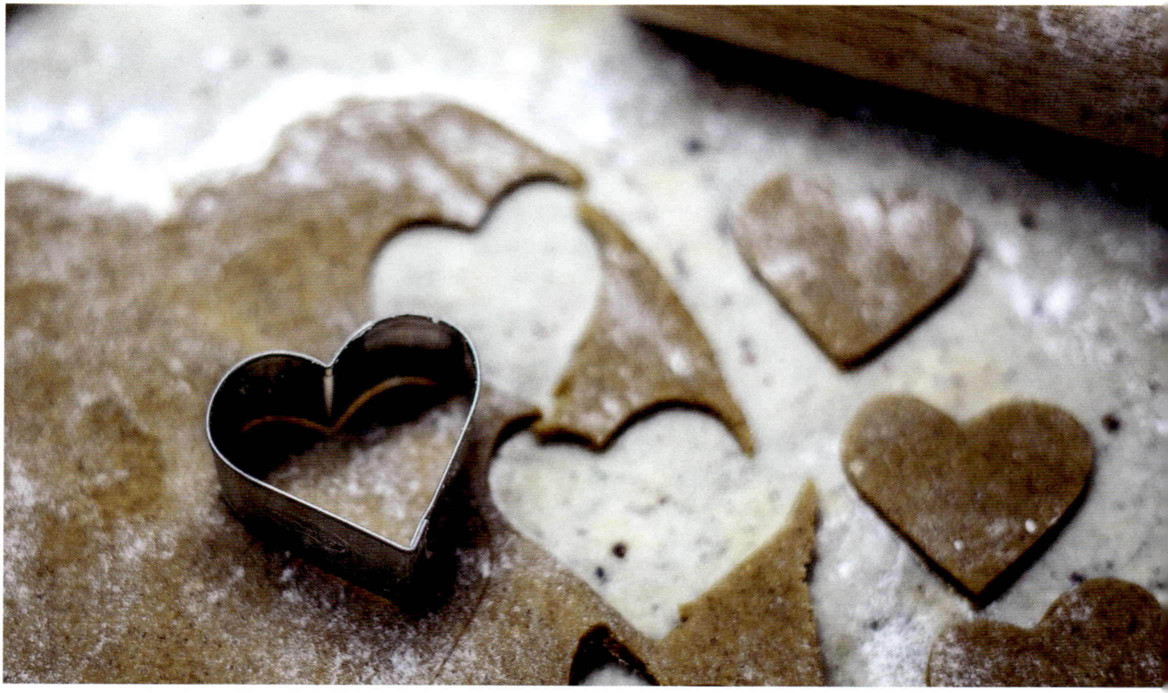

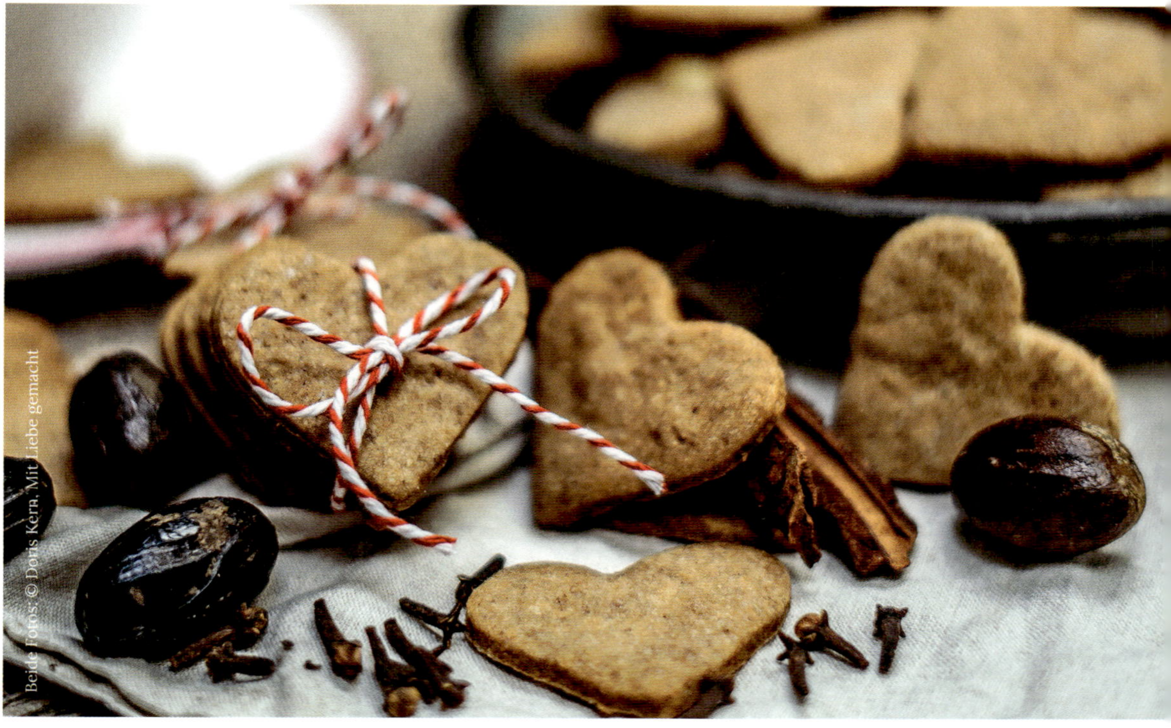

NERVENKEKSE NACH HILDEGARD VON BINGEN (4 Personen)

Schwester Teresa Zukic, Kommunität der Geschwister Jesu

ZUTATEN

500 g Dinkelmehl	10 g Muskat
250 g weiche Butter	5 g Nelkenpulver
150 g Honig	2 Eier
25 g Zimt	1 Prise Liebe

ZUBEREITUNG

1. Alle Zutaten mit den Händen oder einer Teigkarte durchhaken, dann schnell zu einem Teig verkneten und 30 Minuten im Kühlschrank kalt stellen.

2. Dick ausrollen, Plätzchen ausstechen und diese auf ein mit Backpapier ausgelegtes Blech geben.

3. Im vorgeheizten Backofen bei 190 °C – 200 °C (Unter-/Oberhitze) ca. 20–25 Minuten hell backen.

TIPP

Hildegard empfiehlt 4 bis 5 Kekse pro Tag. Sie schreibt: „Iss diese oft, und alle Bitternis deines Herzens und deiner Gedanken weiten sich. Dein Denken wird froh, deine Stimme rein, alle schlechten Säfte in dir minderer. Es gibt guten Saft deinem Blut und macht dich stark". Die Kekse halten sich wochenlang bzw. hielten sich so lange, wenn sie nicht so viele Liebhaber hätten. Ein echter Geheimtipp. Aber Vorsicht, bei zu viel Muskat können sie berauschend wirken.

BESCHERUNG FÜR DIE SCHWESTERN

Schwester M. Benedicta Wucherpfennig,
Benediktinerinnenkloster St. Johann, Müstair

Schon Ende Oktober werden wir in Briefen zweier Klosterfreundinnen darauf aufmerksam gemacht, dass es bald weihnachtet. Sie verlangen nämlich alljährlich von uns einen Wunschzettel. Dieser Auftrag wird von uns Schwestern prompt erledigt. Im November verfassen wir dann einen Weihnachtsbrief mit Jahresrückblick auf die interessantesten Ereignisse, den wir an unsere Verwandten, Freunde und Wohltäter mit einer selbstgezeichneten Weihnachtskarte unserer Kunstmalerin Schwester Pia Willi schicken. Diese vorweihnachtliche Arbeit nimmt viel Zeit in Anspruch, weil es hunderte von Briefen sind, die verschickt werden wollen.

Ende November beginnt in der Klosterküche das emsige Treiben mit Plätzchen- und Birnbrotenbacken. Von den etwa achtzig Birnbroten werden einige an großherzige Wohltäter verschickt, einige werden an Angestellte und dem Kloster Nahestehende persönlich überreicht. Der Rest ist zum Eigenverbrauch bestimmt.

Zum ersten Advent kommen Anfragen von der Dorfjugend, ob und wie viele Adventskränze das Kloster benötigt, die sodann pünktlich zum

ersten Advent geliefert werden. Die Schwestern, deren Aufgabe es ist, bestimmte Zimmer und Gänge zu besorgen, schmücken diese mit weihnachtlichen Motiven, auch schon mit Krippen, jedoch ohne Jesuskind. An die vielen Fenster in den Gängen werden Sterne aus allerlei Material angebracht. Es weihnachtet zusehends!

Inzwischen haben unsere beiden Klosterhandwerker im Küchengarten und im Klosterhof einen Weihnachtsbaum mit elektrischen Kerzen aufgestellt, die bereits in den frühen Abendstunden und dann wieder am frühen Morgen ihr warmes Licht leuchten lassen. Schön ist es immer, wenn sie über Nacht eine mehrere Zentimeter dicke Schneeschicht bekommen; dann ist die Romantik vollkommen!

Nach und nach werden die Klosterräume auf Hochglanz gebracht, und auch in der Kapelle, im Konvent und Speisezimmer werden, je näher das Weihnachtsfest heranrückt, Weihnachtsbäume und Krippen aufgestellt und, was sonst noch Weihnachtliches aufzutreiben ist, aufgehängt oder aufgestellt.

So naht das Weihnachtsfest, zuerst der Heiligabend. Da unser Spiritual noch anderweitig als Aushilfe aufgeboten wird, findet die Mitternachtsmette bereits um 21 Uhr statt. An unseren Gottesdiensten nehmen auch die Gäste teil, die bei uns in Ferien weilen. Der Einzug des Priesters in die Kapelle ist rührend, er hält das Jesuskind in den Armen und geht mit ihm auf die leere Krippe zu, legt es wie ein lebendiges Wesen zart und behutsam ins Heu. Sodann beginnt der feierliche Gottesdienst. Alle singen frohbewegt die schönen Weihnachtslieder aus dem Kirchengesangbuch und zum Schluss, als Höhepunkt, das *Stille Nacht* in fast dunklem Gottesraum, in dem jetzt nur die Kerzen am Weihnachtsbaum brennen. Tief bewegt und in gemütvoller Stimmung verlassen wir die Kapelle.

Gemäß einer alten Tradition erwarten uns nach der Hl. Messe im Kaffeestübli Glühwein und Weihnachtsguetzli. Die ganz alten Schwestern ziehen es meist vor, schlafen zu gehen, aber die jüngeren nutzen die Gelegenheit gerne, einen Schlummertrunk und etwas Süßes zu sich zu nehmen. – An diesem Abend von Bescherung keine Spur.

Die Heilige Messe des ersten Weihnachtstages verläuft ähnlich, nur nicht mehr so romantisch, es ist ja heller Tag. Zum Mittagessen bekommen wir stets etwas besonders Gutes und dazu ein Glas Wein, wie an allen Hochfesten. Auch ist das Stillschweigen beim Mittagessen aufgehoben, und die Tischlesung besteht nur aus einem Gebet für die Verstorbenen und einer kurzen Lesung aus der Heiligen Schrift. Dann kann das Plappern mit der Nachbarin beginnen. Der Wein, der mit der Zeit die Zungen löst, sorgt für Heiterkeit und munteres Schwatzen. Der Nachmittag ist frei, wir treffen uns erst wieder zur lateinischen Vesper um 17.30 Uhr in der Kapelle. Danach gehen wir zum Nachtessen, anschließend halten wir eine halbe Stunde Rekreation, und um 19.30 Uhr begeben wir uns wiederum in die Kapelle zur lateinischen Complet. – Auch an diesem Abend: keine Bescherung.

Der zweite Feiertag verläuft ähnlich wie der erste, nur gibt es beim Mittagessen keinen Wein mehr, es ist ja kein Hochfest. Nach einem langen freien Nachmittag beten wir schon um 16.30 Uhr die deutsche Vesper, damit wir um 17 Uhr in den Aufenthaltsraum unserer Gäste gehen können, für die wir eine kleine Weihnachtsfeier gestalten. Von der Kapelle aus, in der wir gerade die Vesper gebetet haben, gehen wir in Prozession in den Aufenthaltsraum. Die beiden jüngsten Schwestern tragen eine Kerze und das Jesuskind aus der Kapelle. Im Aufenthaltsraum steht vor dem Weihnachtsbaum eine leere Krippe, in die das Christkind hineingelegt wird. Alle Anwesenden platzieren sich im Halbkreis um die Krippe, und nach einer kurzen Begrüßung durch die Priorin tragen einige Schwestern eine weihnachtliche Geschichte und Gedichte vor, und zwischendurch singen alle zusammen diverse Weihnachtslieder. Mit einem Schlusslied wird die Feier zur Zeit des Nachtessens (18 Uhr) beendet.

Nach dem Nachtessen: Bescherung für die Schwestern! Lange müssen wir jeweils darauf warten, aber das ist so eingerichtet, damit wir durch nichts von dem liturgischen Weihnachtsgeschehen abgelenkt werden. Bei dieser Bescherung geht es immer hoch her, da werden alle Schwestern wie die Kinder! Im Konvent, auf dem langen Tisch, hat jede Schwester einen Platz zugeteilt bekommen mit ihren Geschenken. Diese Geschenke sind durchwegs Gaben von guten Menschen, die uns damit eine Freude bereiten wollen, und natürlich diejenigen von unseren Wunschzetteln. Die Priorin hält uns anfangs noch zurück, uns über die Geschenke herzumachen, denn für die späteren Dankbriefe sollten wir wissen, was wir von welchen Wohltätern erhalten haben. Wenn der Tisch erst einmal abgeräumt ist, ist das nicht mehr gut möglich. Danach aber dürfen wir uns unserer Schätze bemächtigen und damit in die Zelle gehen. Zum Auspacken kommen wir meist noch nicht, denn schon ist es Zeit für die Complet. Doch dann hält uns keine Pflicht mehr auf, unsere Päckchen auszupacken und uns ganz allein für uns zu freuen.

An den Abenden in der Weihnachtszeit sitzen wir von 19 bis 19.30 Uhr in der Rekreation um die Krippe und singen die alten Weihnachtslieder. So nähern wir uns dem Ende der Weihnachtszeit, in der alle Dekorationen, Weihnachtsbäume und Krippen wieder aufgeräumt werden.

MENSCH SEIN

Abt Benedikt Müntnich,
Benediktinerabtei Maria Laach

Weihnachten im Kloster – das ist für mich zunächst ein Empfinden. Als ich zum ersten Mal das Weihnachtsfest im Kloster feierte – das war im Jahr 1974 –, fühlte ich mich einigermaßen hilflos, weil so ziemlich alles fehlte, was mir dieses Fest bis dahin vertraut gemacht hatte. Damit meine ich nicht unbedingt die Geschenke, die in meiner Familie ohnehin nicht üppig ausfielen und eher unter der Kategorie „nützlich" einzuordnen waren. Aber da war am ersten Weihnachtstag frühmorgens der Gang zur Mette, an deren Beginn die Krippenfeier stand. Ein kleines Mädchen, ein Kommunionkind des kommenden Weißen Sonntags, legte das Jesuskind in die Krippe, während die ganze Gemeinde in der überfüllten Kirche *Stille Nacht* sang. Und dann war da der Verlauf der Messfeier, bei der ich viele Jahre hindurch bis zu meinem Klostereintritt ministrierte. Das alles habe ich sehr tief erlebt. Danach folgte zu Hause das Weihnachtsfrühstück, was wieder gar nichts Besonderes war, aber es gehörte eben zu Weihnachten! All das glaube ich jetzt noch zu spüren, jedenfalls war es prägend für mich, wie mir vielleicht erst heute klar wird. Es war und ist Teil meines Lebens: das Christuskind in der Krippe. Viele Jahre lang durften zwei Freunde und ich die große Weihnachtskrippe in der Dorfkirche aufbauen, und dabei ließ uns der Pfarrer volle Freiheit, was unsere Fantasie anregte und uns schon lange im Vorhinein beschäftigte.

Im Kloster war das anders, da war Weihnachten Liturgie. Weihnachten war feierlich, schön, wesentlich – ganz zweifellos. Und mich beeindruckte die von unseren Gärtnern herrlich und mit Hingabe geschmückte Abteikirche; so hatte ich Weihnachten noch nie erlebt. Die schöne, von einem verstorbenen Mitbruder geschnitzte Krippe im Refektorium aufzubauen, war das Privileg eines bestimmten Bruders. Aber Weihnachten bedeutete für mich eben auch Kreativität – und die fehlte mir zunächst sehr. Zaghaft unternahm ich erste kreative Schritte, und der Novizenmeister ließ mich gewähren. Ich durfte den Weihnachtsbaum und Krippe im Raum der Novizen gestalten, schließlich den Tannenbaum im Gemeinschaftsraum der Brüder und dann sogar im Refektorium, dem großen Speisesaal, schmücken. Hier und da gab es Verwunderung und Kopfschütteln, aber nie etwas Ungutes. Eine schöne Erfahrung, die mich hoffentlich geprägt hat.

Das Gestalten-Dürfen – und zwar auf meine Art, die ganz sicher nicht die eines jeden ist – war es, was mich beglückte und irgendwie auch Mensch sein ließ. Ich nahm wahr, wie ein alter, sonst nüchterner und strenger Bruder sich seinen Fichtenstrauß machte und ins Büro stellte. Das freute mich sehr. Im Kloster durfte ich bei mir selbst und bei anderen entdecken, wie Weihnachten „menschlich" macht. Bei aller Anstrengung, die das Fest in der Liturgie uns abverlangte, waren wir froh. Das nahm ich wahr. Und dann waren da noch die Gaben für die Armen, die sehr zahlreich zu uns kamen, um ihr Weihnachtspaket abzuholen. Ein Bruder war tagelang damit beschäftigt. Das gehörte ganz selbstverständlich dazu, und auch das hat mich erstaunt und im Herzen froh sein lassen. Mir fällt auch noch der damals so genannte Hausbruder ein, der leise und mit frohem Gesicht Weihnachtslieder sang, während er die unzähligen Fenster im Kloster auf das Fest hin putzte. Und ich muss an so manches andere denken, das ich hoffentlich nie vergessen werde. Was ich erkennen und von Kindheit an lernen durfte und mitbekam, nicht zuletzt im Kloster, war, dass Weihnachten uns alle ein wenig mehr – spürbar – Mensch sein lässt.

WEIHNACHTLICHER ROTKOHL

Carsten Bengel, Küchenchef in der Benediktinerabtei Maria Laach

ZUTATEN

200 g Gänsefett	2 Lorbeerblätter*
1500 g frischer Rotkohl	Zucker*
4 Äpfel (sauer)	Salz*
750 ml Apfelsaft (100 %)	Honig*
2 Zwiebeln	Essig*
200 ml Rotwein	Lebkuchengewürz
3 Nelken*	Maisstärke
4 Wacholderbeeren*	

ZUBEREITUNG

1. Rotkohl fein schneiden und mit * marinieren und 24 Stunden ziehen lassen

2. Zwiebeln würfeln und im Gänsefett anschwitzen

3. Rotkohl dazugeben, Äpfel und Rotwein hinzugeben und zum Kochen bringen

4. Mit Rotwein ablöschen und ca. 45 Minuten bei geschlossenem Deckel garen

5. Mit Zucker, Salz und Lebkuchengewürz abschmecken

6. Maisstärke mit kaltem Wasser anrühren, den Rotkohl andicken und servieren

DIE WEIHNACHTSKRIPPE

Abt Johannes Schaber, Benediktinerabtei Ottobeuren

Vom ersten Advent Anfang Dezember bis zum Fest Mariä Lichtmess am 2. Februar wird die Weihnachtskrippe von unserem Frater Clemens mit verschiedenen Helfern auf- und ständig umgebaut. Sie umfasst 388 Menschfiguren und 230 Tierplastiken. Auf einer Fläche von 7 x 3 Metern sieht man adventliche und weihnachtliche Bibelszenen dargestellt. Die Figuren der Heiligen Familie stammen von dem berühmten Krippenbauer Sebastian Osterrieder (1864-1932). Die anderen stammen meist schon aus der zweiten Hälfte des 18. Jahrhunderts, aber auch die bereits verstorbenen Mitbrüder aus unserem Konvent, Frater Felizian

Lutz (1898-1969) und Frater Gebhard Mathies (1922-2012), haben einige Figuren dazu geschnitzt und bei den Aufbauten für Landschaft und Gebäude mitgewirkt.

Die Weihnachtskrippe zieht viele Besucher an. Die Kinder kommen vor allem wegen einer Attraktion: Das Holzmodell einer Kirche weist zwei große Tore auf. Wirft man eine Münze in einen Schlitz, geht in der Kirche das Licht an, die Glocke läutet auf dem Turm, das linke Tor öffnet sich und das in einem silbernen Wagen liegende Christkind erscheint. Der Wagen wird von einem Engel angeführt und von vier Schäfchen gezogen. Und schon verschwindet er wieder im rechten Tor. Die Kinder möchten den Vorgang wiederholen. Sie geben solange keine Ruhe, bis das Kleingeld der Eltern oder Großeltern aufgebraucht ist. Sie geben es bereitwillig, weil auch sie schon als Kinder fasziniert vor dem Kirchlein standen und das ‚rasende Christkind' bewunderten.

DIE HEILIGE FAMILIE GIBT ES NUR IM DREIERPACK

Erzabt Wolfgang Öxler, Erzabtei St. Ottilien

E
ine Frau wollte in einem Geschäft die Krippenfigur des heiligen Josef kaufen. Da bekam sie von der Verkäuferin zur Antwort: „Die Heilige Familie gibt es nur komplett."

Ob ihr wohl bewusst war, welch wichtige Glaubensaussage sie da so einfach dahingesagt hatte? Die Heilige Familie gibt's nur komplett, sozusagen im Dreierpack … In dieser Dreierkonstellation scheint der heilige Josef eine unbedeutende Rolle zu haben - so wurde er von unserem verstorbenen Bruder Wenzeslaus, unserm Müller, als Mann geschnitzt, der, die Laterne in der Hand, ein wenig abseits steht, als wüsste er nicht so recht, wie ihm geschieht. Der heilige Josef zeigt uns, dass es zu der Art und Weise, wie sich Maria von Gott in den Dienst nehmen lässt, auch noch eine Alternative gibt. Jeder und jede von uns hat seinen und ihren Platz und seine Aufgabe. Er wird auf seine Weise zum Licht, der die Menschwerdung Gottes verkündet. Im Zusammenwirken dieser drei wird uns Menschen ein Geheimnis der Menschwerdung Gottes offenbart.

Die Krippe, angefertigt von unserem Bruder Wenzeslaus, wurde in den Achtzigerjahren in der Weihnachtszeit in unserem Exerzitienhaus aufgestellt. Und siehe da, ein dreister Dieb hatte die Heilige Familie entwendet. Einen Hirten sowie Ochs und Schafe ließ er zurück. Anscheinend hatte Herr Langfinger das Gespür, dass es die Heilige Familie nur im Dreierpack gibt. Im Jahre meiner Abtsbenediktion nahm plötzlich ein Gefängnisseelsorger Kontakt mit unserem Kloster auf. Dem Dieb, der wegen anderer Delikte im Gefängnis eingesessen ist, ereilte an Weihnachten plötzlich die Reue, und er vertraute seine Tat dem dortigen Gefängnisseelsorger an. Diesen beauftragte er schließlich, die gestohlene Heilige Familie wieder nach St. Ottilien zurückzubringen. Und so erfreut die Heilige Familie unsere Besucher in St. Ottilien jedes Jahr neu.

Maria durch ein Dornwald ging

Maria durch ein Dornwald ging, Kyrie eleison,
Maria durch ein Dornwald ging,
der hat in sieben Jahrn kein Laub getragen,
Jesus und Maria.

Was trug Maria unter ihrem Herzen? Kyrie eleison.
Ein kleines Kindlein ohne Schmerzen,
das trug Maria unter ihrem Herzen.
Jesus und Maria.

Da haben die Dornen Rosen getragen, Kyrie eleison,
als das Kindlein durch den Wald getragen,
da haben die Dornen Rosen getragen.
Jesus und Maria

Stille Nacht, Heilige Nacht

Stille Nacht, heilige Nacht!
Alles schläft, einsam wacht
nur das traute, hochheilige Paar.
Holder Knabe im lockigen Haar,
schlaf in himmlischer Ruh,
schlaf in himmlischer Ruh.

Stille Nacht, heilige Nacht!
Gottes Sohn, o wie lacht
Lieb aus deinem göttlichen Mund,
da uns schlägt die rettende Stund,
Christ, in deiner Geburt,
Christ, in deiner Geburt.

Stille Nacht, heilige Nacht!
Hirten erst kundgemacht,
durch der Engel Halleluja
tönt es laut von fern und nah:
Christ, der Retter, ist da,
Christ, der Retter, ist da!

CHRISTSTOLLEN-TIRAMISU
IM GLAS (6 Personen)

Carsten Bengel, Küchenchef in der Benediktinerabtei
Maria Laach

ZUTATEN
300 g Christstollen
200 ml Orangensaft (gern frisch gepresst)
1000 g Mascarpone
4 Eigelb
3 El Zucker
2 El engl. Orangenmarmelade
2 cl Amaretto
Pistazien zur Dekoration

ZUBEREITUNG
1. Orangensaft mit Marmelade verrühren und zum Kochen bringen
2. Eigelb und Zucker schaumig schlagen (5 Minuten), Amaretto hinzufügen
3. In die Eimasse Mascarpone vorsichtig unterheben
4. Stollen in die warme Orangenmasse einbröseln und verrühren und abkühlen lassen
5. Stollenmasse gleichmäßig auf die sechs Gläser verteilen, anschließend die Mascarponecreme auftragen und die Gläser mit den Pistazien dekorieren
6. Gläser noch zwei Stunden kalt stellen und ca. 15 Minuten vor dem Servieren aus dem Kühlschrank holen

MIT DEN STIMMEN DER BRÜDER

Pater Philipp Meyer,
Benediktinerabtei Maria Laach

Weihnachten ist das Fest der Emotionen, gerade für alle, die Musik lieben. Von *O du fröhliche* über *Jauchzet, frohlocket* hin zu *White Christmas* ist für jeden was dabei. Als Kirchenmusiker sind mir die wunderbaren Weihnachtslieder besonders lieb. Sie sind es vor allem, die durch ihre Melodien und Texte in eine gewisse Weihnachtsstimmung verhelfen können, leider oft schon viel zu früh, sodass man in der normalen Welt spätestens ab dem 26. Dezember vieles einfach nicht mehr hören kann.

Etwas anders verhält es sich da in der Liturgie, vor allem in der benediktinisch-monastisch-klösterlichen. Dies musste ich bei meinem Klostereintritt 2006 aber auch erst verstehen und lieben lernen. Es ging schon damit los, dass in der Adventszeit in Maria Laach, analog zur Fastenzeit vor Ostern, die Orgel schweigt und Ein- und Auszüge zu den Gottesdiensten in stiller Würde vollzogen werden. Zur Zeit meines Eintritts gab es nicht einmal ein Adventslied am Ende der sonntäglichen Messe. Da Handy und Internet für einen Novizen tabu waren, war ich auf meine bescheidene CD-Sammlung angewiesen, um mich über die „musikfreie Zeit" hinüber zu retten. Doch die bisweilen herben und einmaligen Gesänge des Gregorianischen Chorals haben mich schon sehr fasziniert, vor allem in der Advents- und Weihnachtszeit. Jeden Tag anders, jeden

Tag etwas Neues. Uralte Texte der Heiligen Schrift und beider Testamente wurden mit eigenen Melodien vor aberhunderten von Jahren vertont und tradiert und werden hier bis zum heutigen Tag gesungen. Die wenigsten wissen, wie viele Advents- und Weihnachtslieder textlich und melodisch im Gregorianischen Choral ihr Vorbild haben.

Dann kam am Heiligen Abend 2006 die Feier der Weihnachtsvigil – zum ersten Mal in meinem klösterlichen Leben durfte ich diesen Gottesdienst mitfeiern, unter dem ich mir noch nicht viel vorstellen konnte. Zur Vesper am Heiligen Abend ist unsere Abteikirche übervoll, hunderte Gottesdienstbesucherinnen und -besucher feiern mit uns Mönchen unsere lateinische Vesper; es gibt eine kurze Predigt, um auf die Heilige Nacht einzustimmen – natürlich in deutscher Sprache.

Doch schon im nächsten Gottesdienst, den Vigilien der Heiligen Nacht, sind wir Mönche fast allein in unserer romanischen Abteikirche. Die Weihnachtsbäume sind schlicht und schön beleuchtet, alle Apostelleuchter sind entzündet, der Weihrauchduft der Vesper hängt noch im Raum, und wir Mönche ziehen zu ruhiger Orgelmusik ein. Dann, nach der Eröffnung, werden die ersten Psalmen angestimmt, vorbereitet durch kurze Orgelimprovisationen, welche die Texte der Antiphonen musikalisch nachzeichnen: „Ihr Tore, hebt eure Häupter, hebt euch, ihr uralten Pfor-

ten, denn es kommt der König der Herrlichkeit!" (aus Psalm 24). Oder: „Wie ein Bräutigam geht der Herr hervor aus seinem Gemach" (nach Psalm 19). Oder: „Der Herr hat bekanntgemacht sein Heil" (aus Psalm 98). Die Psalmen werden auf den Herrn hin gedeutet, der in dieser Nacht geboren worden ist.

Natürlich, die *Stille Nacht* geht irgendwie direkter unter die Haut. Aber für mich war es unbeschreiblich bewegend, zum ersten Mal an Weihnachten als Novize inmitten der Mönche singen zu dürfen, eins zu werden mit den Stimmen der Brüder, darum wissend, dass auch hier in Maria Laach seit fast tausend Jahren das Lob Gottes gesungen, die Heilige Nacht gefeiert und die Geburt des Herrn durchbetet und verkündet wird. Die alten Melodien ermöglichten mir, auf ganz andere, ganz neue und ganz unaufgeregte Weise ins Weihnachtsfest zu finden, vielleicht weniger emotionsgeladen, dafür aber tiefer berührt. Die einzigartige Kombination von Wort und Ton, wie sie der Gregorianische Choral zusammenführt, hat mich erfasst und mir das Weihnachtsgeheimnis auf eine neue Weise, irgendwie aus einer anderen Perspektive erschlossen. Eben nicht mit Musik, die, so schön sie auch ist, allein schon dadurch zu verflachen droht, weil sie spätestens seit Anfang November in jedem Konsumtempel rauf- und runterläuft. Anders mit der Musik der Liturgie, der Kirchenmusik. Sie hat ihren ganz ureigenen Platz. Sie schenkt einen Blick auf Weihnachten jenseits von Lametta und Glitzer. Und jedes Jahr freue ich mich, gemeinsam mit meinen Brüdern zu singen, was die Mönche in Maria Laach und überall auf der Welt schon vor 50, vor 500 und auch vor 1500 Jahren gesungen haben. So kann für mich und für uns als Gemeinschaft Weihnachten werden, wenn es wirklich dran ist. Und dann können wir die Festtage auch echt genießen – weit hinaus über den 26. Dezember.

Macht hoch die Tür

Macht hoch die Tür, die Tor macht weit,
es kommt der Herr der Herrlichkeit,
ein König aller Königreich,
ein Heiland aller Welt zugleich,
der Heil und Leben mit sich bringt;
derhalben jauchzt, mit Freuden singt:
Gelobet sei mein Gott,
mein Schöpfer reich an Rat.

O wohl dem Land, o wohl der Stadt,
so diesen König bei sich hat.
Wohl allen Herzen insgemein,
da dieser König ziehet ein.
Er ist die rechte Freudensonn,
bringt mit sich lauter Freud und Wonn.
Gelobet sei mein Gott,
mein Tröster früh und spat.

KRIPPE UND KREUZ

Abt Johannes Schaber, Benediktinerabtei Ottobeuren

In manchen Jahren stand ich an Heiligabend am offenen Fenster meines Zimmers und schaute vom Kloster hinunter auf die Dächer von Ottobeuren. In 25 Jahren pastoraler Arbeit kenne ich hier viele Menschen. Ich weiß um Lebens- und Familiengeschichten, um Freud und Leid. In manchen Jahren ging ich durch den Kneipp-Aktiv-Park, von dem aus man auch gut auf die Dächer von Ottobeuren schauen kann, oder ich lief durch die Straßen. Wie eng liegen in den Häusern die Freude, aber auch die Zerwürfnisse in der Familie und die Einsamkeit in dieser Nacht manchmal beieinander.

In solchen Momenten wird mir immer besonders klar, dass Jesus Christus nicht deshalb Mensch wurde, damit sich eine romantische Stimmung über das Land legt, Familien einen Anlass haben, über die Festtage wieder einmal zusammenzukommen, oder damit die Kinder Schulferien haben und die arbeitende Bevölkerung zum Jahresende ein paar freie Urlaubstage bekommt. Nein, Gott ist in Jesus Christus Mensch geworden, um uns während unseres Lebens im Glauben Orientierung, Halt und Heil zu schenken und um uns über unser Leben hinaus den Weg zur Vollendung in Gott zu eröffnen. Was für ein Geschenk an uns Menschen, die Menschwerdung Gottes, die wir an Weihnachten feiern. Aber die Krippe und das Kreuz gehören zusammen. Zum Fest der Menschwerdung Gottes in Jesus Christus gehören untrennbar sein Tod am Kreuz und seine Auferstehung an Ostern. Erst dann enthüllt sich uns der volle Sinn des Weihnachtsfestes. Deshalb gewinnen die weihnachtlichen Gebete, Hymnen und Lieder erst an Tiefe, wenn wir sie vor dem Hintergrund unserer menschlichen Lebenssituationen im Blick auf Ostern verstehen.

EIN FEST DER DEUTSCH-POLNISCHEN FREUNDSCHAFT

Pater Mateusz Micek, Kloster der Franziskaner-Minoriten Blieskastel

Weihnachten, das Christgeburtsfest, ist für uns alle ein großes Fest des Glaubens. Wir sprechen vom „Fest der Familie", und obwohl wir in unserer Klostergemeinschaft eine Glaubensfamilie gefunden haben, die gemeinsam Weihnachten feiert, hat doch jeder von uns seine eigene Familiengeschichte. Und natürlich denkt man – fern der Heimat – an Weihnachten an seine Lieben zu Hause. Wir behelfen uns, indem wir zu Hause anrufen oder das Internet zur Kontaktaufnahme nutzen.

Wir polnischen Franziskaner-Minoriten haben in Deutschland herzliche Aufnahme und ein fast schon familiäres und von großer Freundschaft geprägtes Umfeld gefunden. Jeden Tag leben wir die deutsch-polnische Freundschaft, gerade und besonders auch an Weihnachten. Diese gelebte Freundschaft empfinden wir als eine große Bereicherung. Das Gebet der Gläubigen für unsere Gemeinschaft trägt und stärkt uns in unseren vielfältigen Aufgaben, denn nicht nur im Kloster, sondern vor allem auch im Dienst in der von uns betreuten Pfarrgemeinde „Heiliger Franz von Assisi" bereiten wir uns gemeinsam mit den Gläubigen auf Weihnachten vor.

In den Wochen der Vorbereitung auf Weihnachten schreibt uns unsere Ordensregel, beginnend mit dem 1. November, eine Zeit der Besinnung, der Buße und des Fastens vor. In dieser Zeit intensivieren wir unser geistiges Leben durch Gottesdienste, Betrachtungen der Heiligen Schrift, persönliches Beten und Roratemessen in den Gemeinden. Ab dem ersten Advent wird an jedem Tag ein Krippenteil aufgebaut, sodass an Heiligabend eine komplette Krippenszene in der Kirche steht.

Doch wie verläuft unser Heiligabend? Nachdem jeder von uns einen Gottesdienst gehalten hat, treffen wir uns zur gemeinsamen Weihnachtsfeier im Refektorium. Zu Beginn wird aus dem Lukasevangelium von der Geburt Christi gelesen und gemeinsam gebetet. Dann wünschen wir uns gegenseitig alles Gute und Gottes Segen und teilen uns die Weihnachtsoblate.

Im weihnachtlich geschmückten Refektorium, in dem natürlich weder Tannenbaum noch Krippe fehlen dürfen, lassen wir uns von unserem Mitbruder kulinarisch verwöhnen. In Polen ist es Tradition, dass an Heiligabend zwölf Gerichte – sinnbildlich für die zwölf Apostel – kredenzt werden. Ganz so üppig speisen wir nicht, im Kloster gibt es an Heiligabend vier bis sechs Gänge: Roter Borschtsch, also eine Rote-Beete-Suppe, Uszka (polnische Tortellini), Pierogi (polnische Maultaschen, gefüllt mit Sauerkraut und getrockneten Pilzen), Weihnachtskarpfen, Weihnachtskutja (Süßspeise) oder Makowki (Süßspeise).

Rezept für Weihnachtskutja

ZUTATEN

200 g Nudeln
1 Tasse Mohn
1 Tasse Milch
Rosinen
3 Esslöffel Honig
100 g Walnüsse
Butter

ZUBEREITUNG

Nudeln kochen. Die Milch in einen Topf geben und zum Kochen bringen. Den Mohn zugeben und den Topf vom Herd nehmen. Den Mohn für mindestens zwei Stunden in der Milch quellen lassen. (Alternativ kann eine fertige Mohnmasse gekauft werden.) In der Zwischenzeit Wasser zum Kochen bringen und Rosinen in eine Schüssel geben. Die Rosinen mit dem heißen Wasser übergießen und einweichen lassen. Wenn die Rosinen weich sind, Wasser abgießen und die Rosinen abtropfen lassen.

Die Milch vom Mohn abgießen und den Mohn abtropfen lassen. Den Honig in einem Topf erwärmen. Den Mohn und die Nudeln dazugeben und gut verrühren. Anschließend die Walnüsse und Rosinen zur Masse geben und gut verrühren. Die Kutja in eine Schüssel füllen und einige Stunden lang in den Kühlschrank stellen.

Unser Ordensgründer, der Heilige Franz von Assisi, hat vor rund 800 Jahren die Idee der „lebendigen Krippe" zum ersten Mal in die Tat umgesetzt. Er stellte dabei die biblische Erzählung rund um Weihnachten mit lebendigen Tieren und Laiendarstellern dar, um den Menschen seiner Zeit, von denen die wenigsten lesen und schreiben konnten, bildhaft den Glauben zu vermitteln.

Dieser Tradition folgend veranstalten wir jedes Jahr am zweiten Weihnachtstag ein Krippenspiel. Kinder aus Blieskastel und Umgebung im Alter von etwa drei bis achtzehn Jahren sind schon seit 2008 mit Freude bei den Proben dabei, mit denen wir Anfang November beginnen. Dabei führen wir immer ein neues Krippenspiel auf, denn wir passen die Texte unseren Laiendarstellern an. Unter dem Motto „von Kindern für Kinder" dürfen wir uns über regen Besuch des Krippenspiels freuen.

Im Anschluss an das Krippenspiel spenden wir den Kindern, ihren Eltern und Verwandten den Einzelsegen. Danach treffen wir uns im Klosterhof zum geselligen Beisammensein. Mitglieder der Franziskanischen Gemeinschaft kümmern sich um die Bewirtung der Gläubigen. Schafe, Ziegen, Esel, Hasen, das sind nur einige Tiere, die die Kinder draußen erwarten. Das Krippenspiel erfreut sich großer Beliebtheit. Die großzügigen Spenden zugunsten unserer Mission in Paraguay zeugen jedes Jahr von der großen Solidarität unserer Krippenspielbesucher mit unseren Partnerklöstern, mit denen uns 2022 eine dreißigjährige Partnerschaft verbindet.

Weihnachten für uns Franziskaner-Minoriten aus der Provinz Krakau in Polen in dem idyllischen Städtchen Blieskastel ... das ist eine gelungene Mischung aus deutsch-polnischer Freundschaft, franziskanischer Tradition und deutschen und polnischen kulinarischen Genüssen.

SIE VERKÜNDEN DIE GEBURT

Bruder Laurent Sauterel, Kloster Disentis

*Les Anges dans nos campagnes
Ont entonné l'hymne des cieux,
Et l'écho de nos montagnes
Redit ce chant mélodieux:
Gloria in excelsis Deo!*

*Bergers, pour qui cette fête?
Quel est l'objet de tous ces chants?
Quel vainqueur, quelle conquête
Mérite ces cris triomphants?
Gloria in excelsis Deo!*

*Ils annoncent la naissance
du libérateur d'Israël;
et pleins de reconnaissance
chantent en ce jour solennel.
Gloria in excelsis Deo!*

Dieses „Gloria in excelsis Deo", das seit dem 19. Jahrhundert unter dem Namen *Noël languedocien* bekannt ist, wird im ganzen französischsprachigen Raum, bis in die Westschweiz, während der Christmette gesungen; es gehört mit den Tonfiguren der provenzalischen Krippe zu meinen ältesten Erinnerungen an das Weihnachtsfest. Dieses Lied und die farbigen Figuren der Krippe haben sich im Gedächtnis zahlreicher Gläubiger von Kind auf eingeprägt und in jenen Seelen die Grundlage für das Verständnis der Menschwerdung Christi gelegt. Mit seinen unzähligen handgemachten Andachtsbildern und Devotionalien zeigt das Museum unseres Klosters ein berührendes Zeugnis der Volksfrömmigkeit der letzten Jahrhunderte. Darunter sind auch Krippenfiguren, die genau das gleiche Ziel wie dieses Lied verfolgen: die Geburt Christi für die Menschen greifbar machen.

Obwohl ein Kind noch nicht ein tieferes Verständnis für die unendliche Dimension der Erlösung durch die Menschwerdung Christi entwickelt hat, weil es in seiner Unschuld noch nicht mit dem ganzen Ausmaß des menschlichen Elends konfrontiert wurde, ermöglichen ihm ein solches Lied und die lebendigen Gestalten der Krippe eine klare Erkenntnis des Wortes Gottes. Es versteht nämlich, dass der Sohn das wahre Licht ist, das jeden Menschen erleuchtet (vgl. Joh. 1,9), dass er tatsächlich in die Welt gekommen ist und uns seine Herrlichkeit sehen ließ (Joh 1,14) und dass er allen, die ihn aufnahmen, die Möglichkeit gab, Kinder Gottes zu werden (Joh 1,12).

Jede einzelne Statue, Krippenfigur oder Andachtsbild unseres Museums wurde von einer Mutter, einem Vater, einem Handwerker, einer Nonne oder einem Mönch mit Sorgfalt bearbeitet und hat zum Teil jahrelang das Bewusstsein der Gegenwart Gottes in einem Haushalt oder im Klos-

ter vermittelt. Gerade diese Aufgabe, die Nähe Christi zu den Menschen greifbar zu machen, ist in den Klöstern wichtiger denn je geworden. Unsere Gemeinschaft setzt sich dafür mit allen Kräften ein, und zwar nicht in den Pfarreien, sondern vor allem in unserer Schule und in der Gastfreundschaft. Mit unseren Schülerinnen und Schülern organisieren wir regelmäßige freiwillige Lobpreis- und Bibelgruppen. Auswärtigen und Bewohnern der Region begegnen wir an unseren Oblaten- und Jugendtreffen, um mit ihnen das Wort Gottes zu vertiefen und die Liturgie zu feiern.

Als Mönche haben wir die große Verantwortung, die Nachfolge Christi zu verkörpern. Unser Habit erinnert uns immer daran, dass wir durch unser Verhalten die Echtheit der Botschaft Christi und eines Lebens nach seinem Vorbild bezeugen oder auch verleugnen können. Diese

Verantwortung liegt aber nicht nur bei uns Ordensleuten, sondern bei allen Christen, die ja das Gewand der Taufe tragen, weil sie der Welt gestorben sind und in den Leib Christi aufgenommen wurden (Kol 3,3). Um diese Botschaft wahrhaft zu verkünden, brauchen wir als Kloster diese innerliche Vorbereitung und Herzensläuterung, damit wir fähig werden, die Herrlichkeit des Sohnes Gottes in unserer Armseligkeit aufzunehmen, wie die Hirten vom Engel des Herrn dazu fähig gemacht wurden. An Weihnachten wird der Sohn Gottes unseretwegen Mensch, „Er beseitigt den Tod für immer. Gott, der Herr, wischt die Tränen ab von jedem Gesicht. Auf der ganzen Erde nimmt er von seinem Volk die Schande hinweg." (Jes 25,8)

O du fröhliche

O du fröhliche, o du selige,
gnadenbringende Weihnachtszeit!
Welt ging verloren, Christ ward geboren,
freue, freue dich, o Christenheit!

O du fröhliche, o du selige,
gnadenbringende Weihnachtszeit !
Christ ist erschienen, uns zu versühnen;
freue, freue dich, o Christenheit!

O du fröhliche, o du selige,
gnadenbringende Weihnachtszeit!
Himmlische Heere jauchzen dir Ehre
freue, freue dich, o Christenheit!

Hundert Kerzen

Bruder Magnus Bosshard, Kloster Disentis

Die Geschichte hinter diesem Bild reicht bis in die Nachkriegszeit zurück. 1955 demonstrierte ganz Ungarn für seine Befreiung von der sowjetischen Herrschaft. In Budapest brannten als stiller Protest zehntausende Kerzen auf den Fensterbänken der Häuser, welche die ganze Stadt in ein Lichtermeer verwandelten. Die angerückten sowjetischen Truppen konnten ob der schieren Größe des Protests nichts dagegen unternehmen, wollten sie nicht die ganze Stadt in Schutt und Asche legen. Als Schüler habe ich diese Ereignisse in der Zeitschrift "Die Woche" hautnah mitverfolgt. Der friedliche Protest hat über die Waffengewalt gesiegt.

67 Jahre später kehrt nun tragischerweise der Krieg nach Osteuropa zurück. Dies hat mich veranlasst, eine ähnliche Aktion in unserem Kloster zu unternehmen. Hundert Kerzen brannten für den Frieden in allen Fenstern der Frontfassade unseres Klostergebäudes – ein Ausdruck der Solidarität mit allen vom Krieg Betroffenen, von denen einige auch in unser Klosterdorf Disentis geflüchtet sind und mit denen wir unter anderem immer wieder auf unseren Sportanlagen zusammentreffen.

Die sich verzehrende Kerze steht aber auch für das unablässige Gebet um Frieden, das aus der ganzen Welt zum Himmel emporsteigt. Möge es Erhörung finden bei Gott.

Bildnachweis

Fotografien

- S. 7: © Pavlo Sukharchuk / Getty Images
- S. 9: © dzphotogallery / shutterstock
- S. 11: © pierredesvarre / Getty Images
- S. 12 © Alex / Getty Images
- S. 14, 16, 17, 18, 70: © Stift Heiligenkreuz / Elisabeth Fürst
- S. 15: © Westend61 / Getty Images
- S. 20: © Victoria Ambrosi / EyeEm / Getty Images
- S. 23: © swisshippo / Getty Images
- S. 24, 28: © Beat Christen
- S. 26: © Pavlo Sukharchuk / Getty Images
- S. 29: © Jim Craigmyle / Getty Images
- S. 30: © Lauri Patterson / Getty Images
- S. 31 © Natalia Koltsova / shutterstock
- S. 33: © Xsandra / Getty Images
- S. 34: © Maren Winter / shutterstock
- S. 35 © Peter Hermes Furian / shutterstock
- S. 36: © Erzabtei St. Ottilien
- S. 37: © TomekD76 / Getty Images
- S.39, 41, 73: © Prokhorovich / shutterstock
- S. 40: © Natasha Breen / shutterstock
- S. 42: © mauritius images / Martin Siepmann / imageBROKER
- S. 43: © zenit122 / Getty Images
- S. 44: © jacoblund / Getty Images
- S. 45: © Pablo Ientile / EyeEm / Getty Images
- S. 47: © XAVIER MAGANA / shutterstock
- S. 48: © Orietta Gaspari / Getty Images
- S. 49, 51, 52: © AnnKis88 / shutterstock
- S. 50 oben: © by sonmez / Getty Images
- S. 50 unten: © Enez Selvi / shutterstock
- S. 53: © alle12 / Getty Images
- S. 55: © ZvonimirAtleti / Getty Images
- S. 56 rechts: © Liudmila Fadzeyeva / shutterstock
- S. 56 links, 59: © Stift Kremsmünster / Stefan Kerschbaumer
- S. 62: © Victoria1988 / Getty Images
- S. 66: © Viktory Panchenko / shutterstock
- S. 67: © Benediktinerabtei Maria Laach / Sebastian Kriesmer
- S. 69: © Kloster Hornbach
- S. 72: © TShum / Getty Images
- S. 74:© Benediktinerinnenabtei Kellenried
- S. 76: © Muenz / Getty Images
- S. 79: © ArtistGNDphotography / Getty Images
- S. 80: © Doris Kern, Mit Liebe gemacht
- S. 83, 85, 86: © Kloster St. Johann / Sr. Pia Willi
- S. 91: © Maya Kruchankova / shutterstock
- S. 93: © olepeshkina / shutterstock
- S. 94, 95: © Benediktinerabtei Ottobeuren
- S. 97: © piosi / shutterstock
- S. 98: © filmfoto / Getty Images
- S. 100: © Studio w browarze / shutterstock
- S. 103: © Benediktinerabtei Maria Laach / Stephan Oppermann
- S. 106: © mgsrocky / shutterstock
- S. 109 links: © Rebai Silvano / EyeEm / Getty Images

- S. 109 rechts: © YRABOTA / shutter-
  stock
- S. 110: © Elnur Rzayev / shutterstock
- S. 111: © Dietmar Rauscher / shutter-
  stock
- S. 113: © lesichkadesign / GettyImages
- S. 114: © Julia Christe / Getty Images
- S. 118: © Stefan Schwenke
- S. 119: © Margarita Almpanezou / Getty
  Images
- S. 120: © Lucia Gajdosikova / Getty
  Images
- S. 123: © Jaromir Kreiliger
- S. 124, 125: © Hannah Bichay / Getty
  Images

Vignetten

- S. 54: © vectorK / shutterstock
- S. 102: © Denys Koltovskyi / shutter-
  stock
- S. 82: © davooda / shutterstock
- S. 76: © In Art / shutterstock
- S. 5, 6, 22, 34, 38, 118: © Trueffelpix /
  shutterstock
- S. 64: © Best-Icon / shutterstock
- S. 74: © Vectoniverse / shutterstock
- S. 13, 14, 105: © Marish / shutterstock
- S. 19, 88, 98, 121: © Tartila/ shutterstock
- S. 41, 48, 52, 68, 81, 108: © Blan-k /
  shutterstock
- S. 65:© suesse / shutterstock
- S. 94: © howcolour / shutterstock
- S. 99, 106, 122: © Sabine Hanel /
  Gestaltungssaal

Umschlaggestaltung: Verlag Herder
Umschlagmotiv: © Stift Heiligenkreuz / Elisabeth Fürst
Satz: Gestaltungssaal, Rohrdorf

Herstellung: Graspo CZ, Zlín
Printed in the Czech Republic

ISBN 978-3-451-39391-4